그리스도인은 왜 병 드는가?

성경생활의학

목사 박화준(Th.D), **사모 조순이**

치유와 영성

이 책을 마음의 정성을 담아
_____에게
드립니다.

머리말

박사 학위 논문으로 [예수님영성의 실제]를 쓰고, 주님께 물어보았습니다. 무엇이 더 필요한 것이 있습니까? 그때에 계속 떠올려 주신 말씀이 마태복음 5장 8절입니다.

마음이 청결한 자는 복이 있나니 그들이 하나님을 볼 것임이요

"청결 – 뵈옴", 이 말씀을 가슴이 새기고 또 새기다가 도달한 것이 [깊은 회개 치유]입니다. 그래서 나로부터 아담까지 깊이 더 깊이 회개했습니다. 몇 년간 회개하여 다 치유되었거니 했는데, 또 하나가 남아있었습니다. 영혼 뿐 아니라 몸까지 온전한 치유, 그래야 '전인치유(Holistic Healing)'이지요.

그래서 다시 씨름했습니다. '그리스도인은 왜 불신자와 똑같이 병드는가?' '그 치유 방법은 과연 무엇일까?' 사실 오래전부터 물어온 물음이지만, 제가 할 답은 아니라고 여겼습니다. 그래서 머뭇거리다가 이제야 한 작은 씨알을 내밀어 봅니다. 누군가 더 큰 해답을 주시리라 기대하면서…

이 모든 과정마다 늘 함께 해 주신 모든 분들과 특히, 여기까지 주마가편(走馬加鞭)하며 이끌어주신 김종주 장로님께 무한한 감사를 드립니다. 끝까지 못난 사람이 하자는 대로 온 맘 다하여 음식을 만들고, 나누고, 글을 읽고, 더하고, 빼고, 다듬고 또 다듬은, 내수니에게 더 큰 사랑을 보냅니다. 샬롬!!

추천의 글

그리스도인은 왜 병드는가? <성경생활의학>을 강권하며 추천합니다. 제가 이 책을 추천할 수 있게 되어 영광스럽습니다. 왜냐하면 저자인 박화준목사 조순이 사모 부부가 이 영역에서 지속적인 노력과 연구 해오는 것을 지켜보고 있었기 때문이다. 이분들은 자기 몸을 실험대상(?)으로 삼아 여러 가지 임상실험을 많이 해오고 있다. 이분들은 정직하고 성실한 분들이다. 또한 욕심이 없는 분들이고 세상의 것들을 모두 버리고 비워버린 분들이다. 진심으로 존경하는 부부이다. (교회 이름도 진실교회입니다.)

이들은 '어떻게 하면 병들지 않을까?' '병든 사람을 어떻게 하면 치유할 수 있을까'를 위해 건강에 관한 모든 책과 정보를 구하고 연구해왔다. 더 나아가서 실험정신이 특별해서 좋은 방법이 있다면 본인들 스스로가 실천해본다.

이 책을 읽어보면 알겠지만 저자 부부의 지도를 따라 책의 내용대로 실천적용한 사람들이 불치병, 성인병, 생활습관 병으로 고생하고 있었으나 건강을 되찾아 살아가고 있다. 한 가지 실예로 R국의 선교사가 성인병으로 고생하던 중에 저자의 지도를 받아서 그대로 실천하여 모든 병의 수치가 정상으로 회복되었다고 저에게 국제전화로 알려왔다.

왜 그리스도인들은 병들어 사는가?

벧전 2:24 "그가 채찍에 맞음으로 우리는 나음을 얻었다"고 성경에 기록되어 있는데 왜 수많은 성도들이 병으로 골골하며 살고 있는가? 그렇게 살다 가는 것이 하나님의 뜻인가? 아니다. 결코 아니다. 하나님이 주신 건강한 삶을 누리며 사는 것이 하나님의 뜻이다.

우리 양촌힐링센터는 2박3일간의 치유를 700회(2018.8.27.)까지 7만명이상 치유해왔다. 죽을병에 걸린 사람을 상담할 때 꼭 물어보는 말이 있다. "하나님이 당신을 이 병에서 치유해주시면 뭐 할 겁니까?" "하나님께서 무엇 때문에 당신을 치유해 주실까요?" 즉, 치유해주시면 남은 생애는 무엇 하면서 살 것인가? 하는 질문을 한다. 살아야 할 이유와 목적을 분명히 하고 치유사역에 임하자는 뜻이다.

이 책을 접하는 모든 독자들은 **그날, 그날, 하나님 앞에서는 그날을 준비**해야 할 것이다. 이 지구상에 보내신 하나님의 목적과 그 섭리를 깊게 생각하고 깨닫고 찾아 살아야 할 것이다.

-. 건강하게 사는 것은 하나님의 뜻입니다.

-. 이 땅에 사는 목적과 비전, 즉 지상명령(마28:18-20)을 성취하는 것이 하나님의 뜻이다.

이 책을 읽는 독자들이 하나님이 부르시는 그날까지 영혼육이 강건하여 보람 있는 생애를 보내시길 기원합니다.

이 땅의 모든 이들에게 이 책을 강권합니다.

2018.8. 27(제 700회 전인치유세미나를 하는 월요일 아침에)

크리스찬치유영성연구원
양촌힐링센터   원장 김종주 씀

이 책의 내용을 근간으로 하여 몸의 질병치유를 중점적으로 영혼육 치유사역을 할 것입니다. 관심 있는 분은 문의해주세요.
TEL. 041)742-8276, 010-5390-1496

차 례

성경생활의학

Bible-Lifestyle Medicine

죄에 대하여라 함은
그들이 나를 믿지 아니함이요(요 16:9)

성경생활의학
Bible-Lifestyle Medicine

몇 년 전에 [예수님이라면 어떻게 하셨을까?][1]라는 책을 읽고, 크게 각성하여 옷깃을 여미듯이 마음을 보살피며 지금까지 살아왔습니다. 이제 저는 또 하나의 물음을 반드시 물어야 할 때가 되었다고 생각됩니다. 무슨 물음입니까? [그리스도인은 왜, 병드는가?], 바로 이 물음입니다. 하나님의 아들, 예수님께서 우리 죄와 질병을 대신 지고, 십자가에 달려 죽으시고, 부활하셔서, 성령님을 보내주셨습니다. 바로 이 예수님을 구주로 믿고 영접한 우리는 하나님의 자녀요, 예수님의 영, 성령님을 주인님으로 모신 '성전(聖殿)'입니다.

너희는 너희가 하나님의 성전인 것과 하나님의 성령님이 너희 안에 계시는 것을 알지 못하느냐(고전 3:16)

@성전, 무엇인가?

성전 무엇입니까? 맨 처음에 하나님께서 온 우주를 만드시고, 마지막 날에 사람을 손수 빚어 만드시어, 에덴(Eden)동산에 살게 하셨습니다. 그런데 그 에덴에는 어디를 보아도 성전이 없었습니다. 에덴시대의 성전은 어디인가요? 바로 아담하와부부가 성전이었지요. 이 시대를 가리켜 **"인간 성전 시대"**라고 합니다. 하나님께서 인간에게 한 나무의 열매를 제외하고, 동산에 있는 모든 다른 나무의 열매는 다 먹어도 된다고 하셨지요. 그런데

---

1) 찰스 M. 셸돈/김창대, [예수님이라면 어떻게 하셨을까?]

그만, 뱀의 유혹에 넘어가서, **"선악을 알게 하는 나무의 열매**(th e Tree-of-Knowledge-of-Good-and-Evil)"를 따먹고, 죄를 범했으므로, 하나님의 영이 인간에게서 떠날 수밖에 없게 되었습니다. 그 결과, '인간 성전 시대'가 끝나고 말았습니다.

> 선악을 알게 하는 나무의 열매는 먹지 말라 네가 먹는 날에는 반드시 죽으리라 하시니라(창 2:17)
> [NIV] But you must not eat from the tree of the kno wledge of good and evil, for when you eat of it you will surely die.

그럼에도 불구하고, 하나님과 사람의 만남을 이어온 곳이 '돌로 쌓은 제단', '모세에 의한 성막', '솔로몬이 지은 성전'입니다. 이 시대를 가리켜 **"지상 성전 시대"**라고 할 수 있습니다. 예수님께서 육신을 입고 이 땅에 오셔서, 십자가를 지시고, 부활 승천하셔서 성령님을, 믿는 사람 속에 보내신 이유는 바로 이 문제를 해결하기 위해서입니다.

@인간 성전 회복과 회개

"인간 성전 회복!" 어떻습니까? 이것이 너와 나, 우리 모두의 사명이지요. 이를 위하여 우리가 반드시 해야 할 일이 무엇입니까? 그것은 예수님을 주인님으로 모시고 살지 못한 죄를 철저히 회개하는 겁니다. 그렇습니다. 죄는 오직 하나밖에 없습니다. 내가 주인된 죄, 그래서 마귀가 주인 노릇하도록 방치한 죄가 있을 뿐입니다. 이제 그 잘못된 관행을 반드시 되돌려 놓아야 마땅합니다. 구약학자 **이병용** 교수는 그의 책, [**아쉬운 회개**]에서 죄를 이렇게 말합니다.

죄는 크든지 작든지 하나님을 거역한 **'반역'**이다. 하나님의 말씀을 거역한 것이요, 하나님을 멀리하고 주인님으로 모시지 않는 것이다. 그래서 나는 **'죄**(sin)**'**를 **'하나님으로부터 떨어져 나가는 Theofugal**(데오푸겔)[2] **현상'**으로  정의한다. 하나님으로부터 등을 돌리는 마음가짐이 죄다. 하나님을 멀리하는 몸가짐이 죄다. 죄는 나를 중심에 계신 하나님으로부터 멀리, 차츰 더 멀리 떼어 놓고자 한다.[3]

이처럼 반역죄로 말미암아 더러워진 인간의 마음속에 더 이상 살 수 없어서 하나님의 영이 나가셨으니, 이는 알맹이인 형상(Imago Dei)은 나가시고 없고, 껍데기뿐인 인간만 남은 것입니다.[4] 이것이 '영적 죽음'입니다. 이병용 교수는 또 같은 책에서 **'회개'**를 이렇게 말합니다.

회개는 하나님과 끊긴 관계를 다시 맺기다. '돌아 선다'나 '돌아 온다'의 히브리 동사 **'슙'**이 회개의 본질을 그림처럼 보여준다. 하나님을 떠나서 세상으로 멀리 나아가다가 말고, 돌아서서 하나님께로 돌아오는 일이 회개다. 회개의 실체는 하나님으로부터 멀어지는 죄의 실체와 반대다. 하나님을 향하는 일, 하나님을 찾아 나서는

---

2) **'Theofugal'**은 헬라어 'Theos', '하나님'과 라틴어 'fugio', '도망하다'로 이루어진 합성어다.
3) 이병용, [아쉬운 회개] p. 84.
4) 한수환, [영적 존재로의 인간학] p. 102. 창조주의 영 앞에서의 사람은 항상 껍데기뿐이다. 그것은 알맹이가 창조주의 영으로 채워져야 하기 때문이다. 알맹이가 창조주의 영으로 채워져야 하는 존재를 가리켜 '사람(Personsein; 인격적 존재)'라고 한다.

일이 회개의 핵심을 차지한다.

회개는 하나님을 향해 가까이 다가오기다. 죄는 하나님으로부터 떨어져 나가는 현상(theofugal)이고, '회개(悔改)'는 그 반대로 '하나님을 찾

아가는 Theopetal(데오페탈)5) 현상'이다. 회개는 하나님 쪽으로 얼굴을 향하는 마음가짐에서 비롯된다. 하나님께 더 가까이 가는 몸가짐으로 회개가 진행된다. 내가 회개하기로 결단을 내리면, '하나님을 찾아가는' 힘, 구심성은 성령님이 되어 주신다.6)

예수님께서도 친히 자신을 믿지 않는 것이 죄라고 분명히 말씀하셨습니다.

죄에 대하여라 함은 그들이 나를 믿지 아니함이요(요 16:9)
[HCSB] About sin, because they do not believe in Me.

그렇습니다. 예수님을 주인님으로 믿지 않는 것이 '원죄(the-Original-Sin)요, 기초적인 죄(the-Basic-Sin)'입니다.
예수님이 주인님이십니다.
믿습니까?

---

5) 'Theopetal'은 '하나님'의 헬라어 낱말 'Theos'와 '찾아간다. 추구한다'의 라틴어 낱말 'peto'로 이루어진 합성어다.
6) 이병용, [아쉬운 회개], p. 85.

예수님이 주인님이십니다!
예수님이 내 삶의 주인님이십니다.
날마다 내가 믿고, 생각하고, 먹는 것을 결정할 때,
항상 여쭈어야 할 주인님이십니다.

@영혼구원과 전인치유?

우리 기독교는 지금까지 '**영혼구원**', '**구령의 열정**'을 많이 강조해 왔습니다. 그래서 온 유대와 사마리아와 땅 끝까지 선교사를 보내고 있습니다. 참 잘 한 일입니다. 너무나 귀한 일이지요. 그들은 지금도 파송 받은 현장에서 목숨을 다 하여 사역하여, 교회를 세우고, 성도를 교육하고, 고아원, 학교, 병원을 세우고 있습니다. 모든 선교사를 축복하고, 선교사를 보내는 단체와 교회에 경의를 표합니다.

그러나 한 가지, 크게 반성해야 할 것이 있습니다. 무엇일까요? 그것은 그렇게 구원받은 성도들의 몸, 성전을 올바로 돌보는 일입니다. 예수님은 우리 영혼 구원을 위해서만 십자가를 지셨습니까? 과연 그것뿐인가요? 우리 몸의 질병을 짊어지지는 않으셨습니까? 성경은 분명히 말하고 있습니다. 우리의 병을 짊어지셨다고요.

이는 선지자 이사야를 통하여 하신 말씀에 우리의 연약한 것을 친히 담당하시고 병을 짊어지셨도다 함을 이루려 하심이더라(마 8:17)

[한글킹] 그러나 그는 우리의 허물로 인하여 상처를 입었고, 그는 우리의 죄악으로 인하여 상하였도다. 우리의 화평

- 16 -

을 위한 징계가 그에게 내려졌고, 그가 맞은 채찍으로 우리가 치유되었도다.

이 말씀을 잘 보십시오. 예수님은 우리의 허물과 죄 때문에 상처를 입으시고, 우리의 평화를 위해 징계를 받으셨습니다. 또한 예수님이 채찍에 맞으시므로 우리는 '**치유**(Healing)'되었습니다. 무엇이 치유 되었을까요? 영의 상처, 영성 치유만일까요? 혼의 상처, 곧 마음 치유가 전부인가요? 몸의 치유는 아닌가요? 이를 모두 아우르는 "**전인치유**(Holistic Healing)"가 아닐까요? 이 글을 읽고 있는 분들은 예수님께서 채찍에 맞으시므로 전인치유 하셨다고 믿으시지요? 저도 그렇게 믿습니다. 요즘 이렇게 전인을 치유한다는 곳이 여기 저기 생기고 있으니, 참으로 다행스런 일입니다.

예수님께서 우리 죄를 대신하여 십자가를 지시고 부활 승천하시어 성령님을 보내어 주셨습니다. 이 죄에는 우리가 잘못 믿고, 잘못 생각한 것, 만, 일까요? 잘못 먹은 것은 포함되지 않을까요? 잘못 믿고, 잘못 생각한 것 때문에만 질병이 생깁니까? 잘못 먹은 것 때문에 질병이 생기지는 않습니까? 잘못 믿고, 잘못 생각한 것만 회개하면 될까요? 잘못 먹은 것은 회개하지 않아도 되는 겁니까?

아담 이후 조상 대대로 바른 주인을 몰라보고, 다른 신을 주인으로 섬긴 죄를 철저히 회개해야 하는 것은 마땅한 일입니다. 그래서 저는 한 대(代)를 30년씩 계산하여 아담부터 지금까지 약 200세대를 회개해야 마땅하다고 생각합니다. 또한 엄마 뱃속에서부터 살아온 나이만큼, 언제 어디서 누구에게 받은 상처나 오해로 생긴 잘못된 감정을 토설하고, 그 속에 숨어있는 악한 세력을 대적해야 된다고 생각하고 그대로 실행했습니다.

아울러서 저는 잘못 먹은 것도 철저히 회개해야 한다고 생각합니다. 어떻습니까? 공감(共感)이 됩니까? 이에 공감하지 못하면, 예수님께서 십자가에서 하신 일을 현저히 축소하는 일이 되고 맙니다. 생각해 보십시오! 예수님은 우리의 질병을 대신 지고 십자가에 달리셔서 치유하셨습니다. 그리고 치유사역자를 예수님 이름으로 안수하셔서, 그들이 오직 성령님으로 역시 질병을 치유하게 하셨습니다. 그런데 문제는 그렇게 치유 받은 사람들이 잘못 먹어서 다시 병에 걸립니다. 이런 현상이 반복되고 있는 것이 오늘의 현실이지요.

예수님은 고치시고, 우리는 병에 걸리게 잘못 먹고!
예수님은 질병을 고치시고, 우리는 질병을 만들고!
언제까지 이렇게 살 겁니까?
바꿔야 마땅하지 않겠습니까?

여기서 반드시 물어야 할 물음이 있습니다. 무엇인가요? 그것은 무엇을 어떻게 먹는 것이 과연 바르게 먹는 것인가 하는 겁니다. 그 대답이 어디에 있을까요. '성경(Bible)!' 그렇습니다. 신구약 성경에 분명히 있습니다. 특히 구약 성경에 그 답이 많이 있습니다. 그런데 우리 기독교인들은 구약성경을 읽으면서도, 예수님께서 마치 구약 성경을 완전히 폐하신 것처럼 여깁니다. 과연 그렇습니까? 예수님은 단 한 번도 율법을 폐하신 적이 없으셨습니다.

내가 율법이나 선지자를 폐하러 온 줄로 생각하지 말라 폐하러 온 것이 아니요 완전하게 하려 함이라(마 5:17)

그렇다면 구약성경에서 말하고 있는 것을 충분히 살펴서 '바른 먹거리'를 찾아서 먹는 삶이 진정으로 예수님을 주인님으로 모시고 사는 삶이라고 할 수 있습니다. 그래서 나는 신구약 성경을 근거로 '그리스도인은 왜 병 드는가?' 물으며, 그 질병의 원인과 치유를 살펴보려고 합니다.

제 1 장
그리스도인은 왜,
병드는가?

고기도 먹지 아니하고 포도주도 마시지 아니하고 무엇이든
지 네 형제로 거리끼게 하는 일을 아니함이 아름다우니라
(롬 14:21)

제 1 장 : 그리스도인은 왜, 병드는가?

예수님께서 인간의 모든 죄와 저주, 그리고 질병까지 다 짊어지고, 십자가에 달려 죽으시고, 3일 만에 부활하셔서, 예수님을 구주로 믿은 우리 마음속에 **"살리는 영**(Quickening-Spirit, Life-Giving-Spirit), 성령님"을 보내어 주셨습니다. 이 놀라운 사실을 믿고, 생활신앙 하는 사람이 그리스도인입니다. 그런데 왜 그리스도인들이 안 믿는 사람들과 마찬가지로 병에 걸릴까요? 그것은 한마디로 성경 말씀대로 살지 않기 때문입니다.

성경은 분명히 말하고 있습니다. 모든 생물은 하나님께서 만드셨고, 그들은 하나님께서 살아라(生)고 명(命)하신 대로 살다가 죽습니다. 그래서 하루살이는 하루를, 한해살이는 한해를, 여러해살이는 여러 해를 삽니다. 닭은 약20년, 개는 약15년, 사람은 노아홍수를 겪으면서 '**120년 살라는 명령**'을 받았습니다.

[**현대어**] 그러자 여호와께서 이런 말씀을 하셨다. 사람은 어차피 쓰러질 수밖에 없는 살덩이에 지나지 않으므로 내 숨결이 영원히 사람과 함께 하지는 못할 것이다. 또 영원히 함께 하도록 하지도 않을 것이다. <u>사람의 목숨은 길어야 120년밖에 안 될 것이다</u>(창 6:3)

@질병 원인, 무엇인가?

사람들은 왜, 병들까요. 미국의학계(NIH, 2012)에서는 "유전요인이 5-10%, 환경요인은 25%, 음식 외의 요인 즉, 스트레스, 운동, 신앙 요인이 30%, 식생활 요인은 35%"라고 발표했

습니다. 그러니까 생활습관 요인이 65%를 차지하고, 환경까지
더하면 90-95%를 차지합니다. 또한 최근에 활발하게 연구되고
있는 '**후성유전학**(Epigenetics)'에서는 인간의 내면 환경에 따라서
질병유발유전자가 발현되기도 하고, 안 되기도 한다고 합니다.
그러니 질병의 대다수가 "**생활습관병**(Lifestyle-Related Diseases)"
이라고 할 수 있습니다.

　　이런 '생활습관병'을 약이나 수술로 고칠 수 있을까요? 서
울대의대 의사요 교수인 **유태우** 박사는 서울대 병원에서 20여
년간, 수만 명의 환자에게 약을 처방했지만, 단 한 사람도 완치
하지 못했다고 고백했습니다. 그래서 서울의대 교수직을 던지고
나와서 "**신건강인센터**"를 세웠지요. 그의 책, **[질병 완치]** 표지
에 이런 글이 있습니다.

건강진단 믿지 마라. 병원도 믿지 마라.
내 몸을 믿어라.
평생 약을 먹겠습니까?
내 몸을 바꿔 질병을 완치하겠습니까?

　　신우섭 원장은 아들의 아토피를 치
유하지 못해 의술까지 접었다가 '**디톡스**
(Detox;해독)'를 만나서, 아들의 아토피를
해결하고, 다시 병원을 시작하여 수많은
사람을 치유하고 있습니다. 그의 책, **[의
사의 반란]** 표지에서 힘주어 주장하고
있습니다.

고치지 못할 병은 없다.
다만 고치지 못하는 습관이 있을 뿐이다.
대증요법이 불치병을 만든다.
병원과 약을 버려야 몸이 산다!

이 외에 **황성수** 박사(서울), **전홍준** 박사(광주), **김진목** 박사(부산)를 비롯한 수많은 의사들이 양심선언 하듯이, 약이나 수술을 가급적 멀리하고 생활습관을 바꾸어서 치유하는 운동을 벌이고 있습니다. 이렇게 약과 수술을 할 수 있는 한 멀리하고 채식으로 병을 치유하는 의사들의 모임을 "**베지닥터**(VegeDoctor)"7)라고 합니다.

@천연치유제와 천연치유력

이 땅에는 하나님께서 허락하신 "**천연치유제**(天然治癒製)"와 "**천연치유력**(天然治癒力)"이 있습니다. 현대의학(現代醫學)의 한계를 깨달은 사람들이 찾고 있는 것은 "천연치유제"이지요. 그래서 무엇을 먹으면 좋다고들 야단입니다. 내가 먹는 것이 내 몸의 스위치가 맞습니다. 그러니 좋은 스위치가 될 만한 음식을 먹는 것이 무엇보다 중요하지요. 최근 연구에 의하면, 하나님께서 만드신 계란은 오메가 6와 오메가 3의 비율이 1:1인데, 시중에 파는 계란은 60:1이고, 쇠고기는 본래 4:1인데, 108:1로

---

7) **베지닥터 목적** : 배지닥터는 채식을 지향하는 의사, 치의사, 한의사, 수의사들이 채식에 관한 지식과 치료경험을 공유하고 그 정보를 널리 알리고자 하며, 또한 올바른 생활습관의 실천을 통하여 질병의 예방과 치료에 도움이 되기를 힘쓰고, 나아가 생명의 존엄성을 일깨우며 인류의 건강증진과 환경보호에 이바지 하고자 한다. www.vegedoctor.com

균형이 완전히 깨어져 있다는 군요. 그러니 시중에서 판매하는 육가공식품을 포함한 다른 먹거리는 어떠하겠습니까? 그래서 비만을 시작으로 고혈압, 당뇨병과 각종 암에 노출될 수밖에요. 그러니 건강한 먹거리를 찾는 것은 아무리 강조해도 지나치지 않습니다. 이런 먹거리를 찾아서 질병을 다스리는 의학을 "**대체의학**(代替醫學: Alternative Medicine)"이라고 하지요.

이런 먹거리에도 치유력이 있습니다만, 그것으로는 많이 부족합니다. 만드신 분께서 사람의 내면에 허락하신 '천연치유력'이 절실히 필요합니다. 그것은 "올바른 생각과 올바른 신앙"이지요. 최근에 나온 책, [**뇌의 스위치를 켜라**](캐롤라인 리프), [**질병을 다스리는 DNA 스위치를 켜라**](이상구), [**비우고 낮추면 반드시 낫는다**](전홍준)에서는 "**올바른 생각과 선택**"이 두뇌를 포함한 거의 모든 질병을 치유할 수 있다는 걸, 완치 사례와 함께 자세히 밝히고 있습니다. 저는 이런 책을 온전히 동의하면서 거기에 반드시 "**올바른 신앙**"을 더하여야 된다고 생각합니다.

@성경생활의학

하나님이 이르시되 내가 온 지면의 <u>씨 맺는 모든 채소와 씨 가진 열매 맺는 모든 나무</u>를 너희에게 주노니 너희의 먹거리가 되리라(창 1:29)

하나님께서 사람을 만드시고 "**씨 맺는 모든 채소와 씨 가진 열매 맺는 모든 나무를 먹거리**"로 주셨습니다. 그래서 아담으로부터 노아까지는 오직 '**식물성 식품**(채소, 과일, 곡식, 해조류)'만, 그것도 불에 익히지 않고 '**날**(生) **것**'으로 먹었습니다.

그런데 홍수 이후에 피를 먹지 않는 조건으로 '**동물성 식품**'이 허용되었지요. 그 후에 사람들은 동물성 식품을 아무것이나 먹어서 각종 질병이 창궐하고, 수명이 급속하게 단축되었습니다. 이를 보다 못해 하나님께서 '**정한 음식과 부정한 음식**'을 율법으로 지정하셨지요. 이는 사실상 먹는 것을 제한하신 것입니다. "**기름과 피**"를 먹는 것을 엄하게 금지하시면서(레 3:17), "**먹을 만한 짐승과 물고기**"를 말씀하셨습니다(레 11:2,9).

> 너희는 기름과 피를 먹지 말라 이는 너희의 모든 처소에서 너희 대대로 지킬 영원한 규례니라(레 3:17)
>
> [2] 이스라엘 자손에게 말하여 이르라 육지의 모든 짐승 중 너희가 먹을 만한 생물은 이러하니
> [9] 물에 있는 모든 것 중에서 너희가 먹을 만한 것은 이것이니 강과 바다와 다른 물에 있는 모든 것 중에서 지느러미와 비늘 있는 것은 너희가 먹되(레 11:2,9)

그러나 오늘날 그리스도인들은 "**무릇 시장에서 파는 것은 양심을 위하여 묻지 말고 먹으라**"(고전 10:25)는 말씀을 "**아무거나 묻지 말고 먹어도 된다.**"는 식으로 해석하여 온갖 걸 다 먹고 있으니, 아…!! 이는 다분히 사도 바울의 가르침을 오해한 데서 비롯된 것입니다. 바울은 분명히 말합니다.

> 고기도 먹지 아니하고 포도주도 마시지 아니하고 무엇이든지 네 형제로 거리끼게 하는 일을 아니함이 아름다우니라
> (롬 14:21)

그렇습니다. 그래서 성도는 성경으로 돌아가야 마땅합니다.

하나님께서 태초에 먹거리로 주신 채소와 열매를, 그것도 날(生) 걸로 먹는 것이 맞습니다. 구약의 다니엘처럼 **"뜻을 정하여 왕의 음식과 포도주로 자기를 더럽히지 아니하고 채소와 물을 먹는 삶"**, 바울처럼 **"고기를 먹지 않고 포도주도 먹지 않는 삶"**이 하나님의 말씀에 따르는 올바른 신앙입니다.

그리스도인들이여, 우리를 지으신 분이 친히 말씀하시는 **"올바른 신앙, 올바른 생각, 올바른 음식"**으로 돌아가십시다. 하나님의 사람들이 병에 걸려 병원을 찾는 것은 예수님의 십자가를 모독하는 삶입니다. 성경(Bible)은 **"인간사용설명서(人間使用說明書)"**입니다. 이제 더 이상 방황하지 말고, 말씀대로 믿고, 생각하고, 먹지 못한 삶을 철저히 회개, 토설하고, 대적하고, 선포하십시다.

저는 이를 [**성경생활의학 Bible-Lifestyle Medicine**]이라고 부르고 싶습니다. 우리 그리스도인들이 지금 여기 이 땅에서 만드신 분께서 허락하신 천수(天壽)를 다하며 사명(使命)을 감당하다가 영생(永生)하는 비결. 그것은 오직 하나, **"성경생활의학"**입니다. 그렇습니다. 이 복되고 아름다운 길을 다함께 걸으면 좋겠습니다. 샬롬!!!

@심장판막증에서 해방! - 채경옥(55세)

8년 전에 회사에서 일을 하다가 갑자기 쓰러져서 정신을 잃었습니다. 119에 실려서 가까운 병원에 갔더니, 큰 병원에 가보라고 해서, 큰 병원에 가서 갖가지 진단을 받았어요. 검사 결과 **"심장승모판막탈출증"**라는 진단을 받고, 몸을 안정시키고 약을 먹었습니다. 그때 사모님의 권유로 현미밥을 먹기 시작했지만, 남편이 싫어해서 먹는 둥 마는 둥 했는데, 더 심해져서 "**심부전증, 부정맥**"까지 왔고, 심장판막증 3기가 되었어요. 조금만 더 진전되면 심장을 수술해야 한다면서 처음엔 1알에서 시작하여 4알로 아스피린을 포함한 약을 평생 먹어야 된다고 했지요.

목사님의 인도로 철저히 "**깊은회개기도**"를 하면서, 작년(2017)부터 본격적으로 고기, 생선, 계란, 우유와 그렇게 좋아하던 아이스크림을 끊고, '**생현미**'에 텃밭에서 직접 키운 상추, 토마토, 가지, 오이, 호박, 옥수수, 들깻잎, 각종 과일을 먹기 시작했어요. 그런데 몸이 많이 좋아져서, 아예 약까지 끊어버리고 "항상 기뻐하고, 쉬지 않고 기도하고, 범사에 감사하며 살았습니다. 석 달 전에 검진해보니, 3기에서 1기로 오히려 좋아져서, 의사가 깜짝 놀라면서, "약은 계속해서 드시지요." 하고 묻기에 그냥 웃으면서 "네"하고 대답했습니다. 저는 요즘 몸이 너무나 좋아지고 피부도 이뻐지고, 보는 사람마다 많이 젊어졌다고 하더군요. 며칠 전에는 완치 판정을 받았습니다. 성경말씀을 근거로 에덴의 먹거리를 먹을 수 있도록 인도해 주신 목사님과 사모님께 감사합니다. 무엇보다 하나님 우리 아버지께 모든 영광을 올려 드립니다. 할렐루야!!

@117Kg에서 54Kg으로! - 박선호(63세)

어릴 때는 고기를 먹을 줄도 몰랐는데, 객지생활을 하면서 고기 맛을 알게 되었어요. 언제 다시 맛볼지 몰라, 기회만 생기면 환장하고 먹었습니다. 고기뷔페집 가서 너무 많이 먹는다고 눈총을 받고 심지어 쫓겨나기도 했어요. 삶은 계란 4판을 한자리에서 먹어치우고, 짜장면 12그릇을 단번에 게 눈 감추듯 먹어치우기도… 내속에 거지가 사는 줄 알았어요. 또한 커피도 타 먹기 귀찮아서 아예 봉지 채 털어 넣고 입에 물을 부어 먹었지요. 그래서 한때는 몸무게가 '117Kg(키 160Cm)'이나 나갔어요. 아내가 사모님의 권유로 오래 전부터 현미밥을 먹자고 해도 시큰둥하게 반응했습니다. 그러다가 '길랑바레증후군(자가면역성질환)'에 걸려 전신마비가 된 채 겨우 목숨만 지탱하며, 매일 17가지 약(천식약, 갑상선약, 위장약, 알레르기약, 골다공증약, 혈액순환제, 근육이완제…)과 주사를 달고 살고, 휠체어에 의지하는 신세가 되었습니다. 주님이 살려주셨지요.

그때부터 목사님의 강권으로 투덜거리면서도 억지로 하루 세 시간씩 "깊은회개기도"하며, 현미식을 하다 보니 많은 깨달음과 몸에 변화가 왔어요. 그래서 작년(2017)부터 정신을 차리고 본격적으로 아내와 함께 "깊은회개기도"와 '생현미, 생채식, 과일식'을 했어요. 물론 커피도 끊었고요. 그래서 지금은 몸무게가 '54Kg'으로 빠졌고, 몸도 많이 회복되어서 지팡이 없이 1,000보 이상 걷기도 한답니다. 올해 안에 한라산 정상을 걸어서 올라갈 작정으로 매일 열심히 운동하고 있습니다. 날마다 기뻐하고 감사하고 기도하는 에덴가정을 누릴 수 있도록 인도해주신 목사님과 사모님께 감사드리고, 내 마음속에 천국 공사 중이신 성령하나님께 무한 감사를 드립니다. 아멘!!

@신부전증 완치 - 김성수 목사

장인어른(88세)이 신부전증으로 몹시 힘드셔서 집으로 모시고 임종예배까지 드렸습니다. 온몸은 퉁퉁 붓고 기저귀를 차야만했고, 병원에서 투석을 권해서 1주일에 3번씩 3개월간 투석을 했습니다. 그러던 중 박목사님의 [성경생활의학] 강의를 들고, 충분히 이해가 되어서, 의사들의 반대에도 불구하고 강행했습니다.

장인어른의 이빨이 부실하셔서 아내가 기도하는 마음으로 생현미, 생채소, 생과일을 정성으로 곱게 갈아서 매 끼니마다 드리면서 꼭꼭 씹어서 드시게 했지요. 그랬더니 몇 날이 못 되어 점점 붓기가 빠지고, 기저귀도 제거하고, 스스로 일어나셔서 천천히 운동도 하셨어요. 4주째에는 한 주에 2번 투석하고, 6주째에는 1번 투석하다가, 8주 후에는 투석장치까지 제거했습니다. 모든 영광하나님께 돌립니다. 할렐루야!!

@15가지 변화와 감사 - 박종업 목사

깊은 회개 치유 집회를 통해 [성경생활의학]을 확신하고, 40여 일간 완벽한 생현미, 채식, 과일식 후 변화와 감사조건 15가지를 함께 나눕니다.

1. 평균 혈압 150-175에서 127로 내려감
2. 매일 잦은 팔다리 쥐내림 소멸
3. 사업 은퇴시기 3년 이상 연장
4. 아토피성 등짝가려움 소멸
5. 자연스런 체중감량 6키로
6. 극심한 우울증 소멸
7. 피곤함 크게 감소
8. 우측어깨 회전근통증 완치
9. 시력회복에 큰 도움
10. 뒷목 잦은 뾰루지 소멸
11. 발바닥 각질감소 깨끗해짐

12. 이명(귓소리) 증세 감소
13. 탈모정지
14. 수많은 치유, 난치, 불치병 치유사례 공유
15. 노후건강에 자신감

@20가지 회복이야기 - 이현익 목사

깊은 회개 치유 집회에 참석하여 [**성경생활의학**]을 접하고 아내와 함께 현미 생식과 생채식을 2개월간 실시한 후에 달라진 안팎의 모습입니다. 첫 달 30일간은 온전히 생현미 생채식을 하고 커피도 전혀 안 마시고, 둘째 달 중에서 3,4주차에는 외부 부흥집회 참석으로 인해 커피도 마시고 일반 식사를 하였으나 채식을 주로 하였습니다.

1. 체중이 73kg → 68kg으로 5kg 줄었습니다.
2. 당뇨약을 2개월째 먹지 않아도 약 먹은 수준보다 낮아졌습니다. 식사 후에 즉시 약을 먹고 2시간 후 혈당수치가 180~170mg/dL이었는데, 식사 후에 약을 안 먹고도 2시간 후 160~126mg/dL이 되었습니다.
3. 고혈압으로 뒷목과 머리 아픈 일이 없어졌습니다.
4. 머리가 그동안 멍한 것이 차츰 사라져 점점 맑아지고 기억력도 좋아지고 있습니다(특히 설교할 때에 말씀이 잘 떠오름).
5. 몸이 대체적으로 가벼워지고 있습니다.
6. 몸에서 꼬리 꼬리한 노인 냄새가 사라졌습니다.
7. 신기하게도 입 냄새까지 사라졌습니다(아내랑 얼굴을 가까이 하고 잘 때, 무척 불편했지만 이젠 아내도 똑같이 입 냄새가 사라짐).

8. 약 2년 전에 갑자기 시력이 나빠져 강남 세브란스병원에서 진단 결과 녹내장이 말기로 진행 중이라는 했습니다. 그동안 녹내장과 백내장으로 인해 가끔씩 눈에 통증과 함께 급격한 시력 저하로 인해 안약 3가지를 매일 아침과 저녁으로 2회씩 넣던 것을 현미채식 후 2개월 째 거의 중지했어도 요즘은 시력도 괜찮고 눈에 통증도 거의 사라졌습니다.

9. 부정맥으로 심장이 하루에도 몇 번씩 두근거리고 통증이 있던 것이 요즘은 거의 완전히 사라졌습니다.

10. 피부가 아주 부드러워졌습니다.

11. 부부간에 서로 다투거나 화를 내는 일이 현저히 줄어들었습니다.

12. 입맛이 없어서 그동안 먹는 식사시간이 고역이었는데, 요즘은 식욕도 좋아지고 식사시간이 즐겁고 기다려집니다.

13. 신트림 때문에 몇 년 동안 당뇨약과 함께 위장약을 먹었었는데, 이젠 약을 안 먹어도 신트림이 안 납니다.

14. 고기 등을 전혀 먹지 않으므로, 또한 외식할 일이 거의 없었으므로, 가계에 많은 도움이 됩니다.

15. 이제는 고기 냄새만 맡아도 도무지 역겨워서 견딜 수 없게 되었습니다.

16. 방귀 냄새가 거의 나지 않습니다.

17. 설거지가 빠르고 쉬우며, 세제를 사용하지 않으므로, 친환경 삶에 큰 도움이 됩니다.

18. 먹는 욕심이 거의 사라지므로, 일과에 집중도가 좋아졌습니다.

19. 현미생식과 채식의 식사시간이 거의 1시간 정도로

길어지므로, 느긋한 식사와 더불어 부부간의 대화 시
간이 많아져서 서로의 관계가 좋아졌습니다.
20. 하나님께서 모든 병을 고쳐주신다는 확신에 기쁘고
    감사한 마음이 넘쳐납니다.

죄악에 대한 뿌리 깊은 회개의 진리와 함께 현미생채식
을 통해서 은혜와 사랑을 베푸신 하나님께 감사와 영광
을 돌려드립니다.

제 2 장
흙과 생기

너희 몸은 너희가 하나님께로부터 받은 바 너희 가운데
계신 성령의 전인 줄을 알지 못하느냐 너희는 너희 자신
의 것이 아니라(고전 6:19)

제 2 장 : 흙과 생기

태초에 하나님이 천지를 창조하시니라 땅이 혼돈하고 공허하며 흑암이 깊음 위에 있고 하나님의 영(the Spirit of God)은 수면 위에 운행하시니라(창 1:1-2)

무슨 말씀입니까? 혼돈과 공허와 흑암이 가득한 곳에 '**하나님의 영**(the Spirit of God)'이 임하시므로 창조가 시작되었다는 말씀이지요. 그러니까 창조는 오로지 하나님의 작품입니다. 만드신 분이 없이는 창조도 없습니다. 특히, 하나님의 영이 운행하셔야 창조가 완성됩니다. 우리가 지금 보고 듣고 만질 수 있는 것을 모두 다 하나님께서 직접 설계하고 만드셨다는 말입니다. 이 모든 우주만물을 만드시고, 맨 마지막 날에 사람을 손수 빚어 만드셨습니다.

여호와 하나님이 <u>땅의 흙(the dust of the ground)으로 사람을 지으시고 생기를 그 코에 불어넣으시니(breathed into his nostrils the breath of life)</u> 사람이 생령이 되니라(창 2:7)

@땅의 흙, 무엇인가?

흙으로 사람을 지으셨습니다. 좀 더 정확히 말해서 땅의 먼지(the dust of the ground)로 사람을 만드셨습니다. 무슨 말씀인가요? 하나님께서 사람을 빚으시기 위해 맨 처음 만드

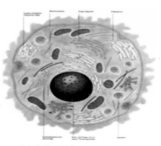

[출처] 이상구 박사 강의 자료

신 것이 무엇이었을까요? 땅의 먼지! 먼지보다 더 작은 것! 그렇습니다. 눈에도 잘 보이지 않는 '**세포**(Cell)'를 만드셨지요. 최근 과학은 작은 세포를 전자현미경으로 보면서 놀라움을 금치 못하고 있습니다.

요즘도 한 아이가 태어나는 과정을 보면, 한 개의 수정란이 엄마 자궁에 착상되어 한 개가 두 개, 두 개가 네 개의 세포로 계속 배양 됩니다. 이 세포를 '**줄기세포**(Stem cell)'로 하여 신경세포, 피부세포, 뼈세포, 지방세포, 간세포, 근육세포, 혈관세포들로 분화하여 마침내 한 사람을 이룹니다. 이런 신비로운 세포가 70~100조 개나 모여서 서로 서로 사랑을 속삭이며 너와 나를 이루고 있습니다. 선한목자병원 **이창우** 원장의 말입니다.

[출처] 이상구박사 건강강좌

"놀랍게도 하나님은 그 한 사람을 만들기 위해 우주에 유일한 세포를 만들고, 그것을 토대로 각 사람을 만드셨습니다. 누구 하나, 같은 사람이 없도록 사람 하나를 우주보다 소중한 존재로 만들어 주셨습니다. 우리 인간의 몸은 기록되어 있는 성경의 말씀과 동일하며 성경의 말씀으로 이루어졌습니다. 몸(Body)은 성경(Bible)이며, 인간은 호모 비블리쿠스(Homo Biblicus) 즉, 성경의 말씀으로 이루어진 인간입니다."8)

내 형질이 이루어지기 전에 주의 눈이 보셨으며 나를 위하여 정한 날이 하루도 되기 전에 주의 책에 다 기록이 되었

---

8) 이창우, [바디 바이블(Body Bible)], 국민일보, 2018.7.25

나이다(시편 139:16)

[NKJV] <u>Your eyes saw my substance(sells), being</u> <u>yet unformed. And in Your book they all were</u> <u>written</u>, The days fashioned for me, When as yet there were none of them.

@유전자(DNA), 무엇인가?

한 개의 세포 속에는 크게 미토콘드리아(Mitochondria)와 세포핵(Cell nucleus)이 있습니다. 미토콘드리아는 세포에 에너지를 공급하는 발전소 역할을 합니다. 세포핵 속에는 23쌍의 염색체가

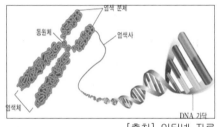

[출처] 인터넷 자료

있습니다. 이 염색체 속에는 거의 1.5m가 넘는 나선형의 염색사가 실뭉치(히스톤)에 감겨져 있습니다. 이 뼈대(인산, 당) 사이에 두 가닥이 실처럼 꼬여 있는 염색사를 풀어보면 'A(아데닌), T(티민), C(시토신), G(구아닌)'라는 글자가 저마다의 임무를 수행하기 위해 정교하게 배열되어 있습니다.

1990년부터 18개국의 350연구소가 참여하여 세포핵 속의 염색체를 하나하나 해독하여, 2003년에 드디어 **'인간유전자지도**(Human genetic map)'를 만들었습니다. 인간유전자지도는 가장 큰 염색체(1번)로부터 가장 작은 염색체(23번)까지 모두 23개의 염색체가 저마다의 기능을 수행하고 있지요. 특히 유전자의 어떤 부분이 손상되면, 무슨 질병이 걸리는 지를 정확하게 밝혀낸 안내도입니다. 예를 들어, 1번 염색체의 아랫부분이 손상되면

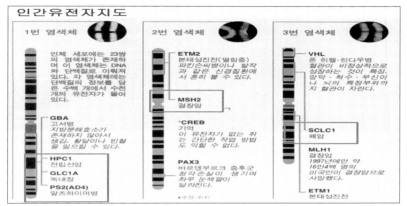

[출처] cafe.daum.net/bwj2371 서정원 시인과 함께

'전립선암, 녹내장, 알츠하이머병'에 걸리고, 2번 염색체의 윗부분에 문제가 생기면 '결장암'에 걸리고, 3번 염색체의 윗부분에 손상이 생기면 '폐암'에 걸린다는 겁니다. 그래서 유전자의 변질이 모든 질병의 원인이라는 게 밝혀진 셈입니다.

이 연구 결과는 의학계를 큰 충격에 빠뜨렸습니다. 그전까지는 유전자가 인간의 신체와 형태의 모든 특징 뿐 아니라, 행동, 생각, 감정을 지배하고, 심지어 그 모든 것이 다음 세대에까지 거의 그대로 유전된다고 생각했지요. 그런데 그 유전자가 변하다니……

더 놀라운 연구발표가 있습니다. 최근 연구에 의하면 유전자는 조립식이며, 변화무쌍하다는 겁니다. 2010년 1월자 'TIME지'의 표지에는 "WHY YOUR DNA ISN'T YOUR DESTINY; 왜 당신의 유전자가 당신의 운명이 아닌가?"라는 제목과 함께 "The New Science of Epigenetics Reveals How the Choices Y ou Make can Change Your Genes and Those of Your Kids. - by JOHN CLOUD; 후성유전학은 당신의 선택이 어떻게 당신과 당신 자녀의 유전자를 바꾸는지 밝히는 새로운 과학이다."고 대서특필했습니다. 세포핵 속을 연구하던 사람들은 23쌍의 염색체 외에는 거의 물이고, 그 물 속에 뭔가가 둥둥 떠 있는 걸 발견했습니다. 그들은 그 이물질을 '정크(gunk)물질' 정도로 취급했지요. 그런데 그것이 유전자 발현 여부를 결정하는 귀중한 스위치, 곧 '메틸기(Methyl group)'라는 것을 알게 되었습니다.

쉽게 정리하면, '후성유전학(Epigenetics)'은 유전자 발현을 좌우하는 스위치에 관해 연구하는 학문입니다. 부모로부터 물려받은 '질병유발유전자'는 생각이 보내는 '신경신호'와 '식생활'에 따라 켜지기도 하고 꺼지기도 합니다.

SBS 스페셜에서 방영한 **[당신이 먹는 게 삼대를 간다]**에 의하면, 스페인의 M. 프라가 박사는 일란성 쌍둥이 40쌍의 유전자를 조사해 보았습니다. 그 결과, 동일한 유전자를 가졌어도 유전자에 '메틸기(CH_3)'가 붙고, 떨어지는 '메틸화' 양상에 따라 크게 달라진다고 발표했습니다. 유전자는 이중나선형으로 평소 '히스톤(Histone)'에 감겨 있지요. 이 유전자가 펼쳐지면서 그 고유 기능이 작동되는데, 이

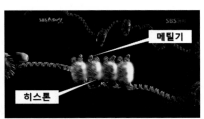

[출처] SBS 스페셜 [먹는 게 삼대 산다]

를 최종적으로 제어하는 스위치가 '메틸기'입니다.

'후성유전학'에 의하면, 부모로부터 물려받은 유전자(DNA)가 우리 '**생각**(Thought)**과 선택**(Choice)'에 따라 켜지기도 하고 꺼지기도 합니다." 예를 들어, 알츠하이머병(치매)은 1번 염색체에 문제가 생겨서 발병됩니다. 만드신 분께서는 이를 미리 아시고 '히스톤(제1번 자물쇠)'에 감아 잠그시고, 또 '메틸기(제2번 자물쇠)'를 붙여서 다시 한

번 더 단단히 잠가 놓으셨습니다. 그러나 우리 선택이 그 견고한 이중 잠금장치를 풀어서 치매에 걸리게 합니다. 결국 우리 마음속 '생각'과 '선택'이 뇌와 몸에 영향을 끼칠 뿐 아니라 정신 건강과 영적 상태, 나아가 우리와 관계를 맺고 있는 다른 사람에게도 그 영향력이 뻗어갑니다. 사실 그 영향력의 파급력은 굉장합니다. 심지어 정자와 난자에도 변화를 가하여 3~4대 후손에 이르기까지 그 영향을 받게 됩니다.9)

또한, 2013년에 영국 BBC에서는 "THE GHOST IN YOUR GENES; 당신의 유전자에 유령이"라는 제목으로 다큐멘터리를 제작하여 방영하기도 했습니다. 이에 의하면, 유전자에 스위치(메틸기)가 붙고, 떨어지는 현상에 따라, 유전자가 켜지기도 하고(ON) 꺼지기도(OFF) 합니다. 그 많은 세포의 그 많은 유전자 가운데서 한 곳을, 정확하게 찾아가서 스위치를 끄고 켜는 능력은 도대체 어디서 온 것일까요? 과연 영국 BBC에서 말한 것처럼 '**유령**(gh

[출처] BBC 방송 자료

9) 캐롤라인 리프/심현석 [뇌의 스위치를 켜라] p.69

ost)'일까요? '**성령님**(Spirit)'이실까요?10)

@유전자, 무엇에 반응하나?

> 여호와 하나님이 땅의 흙으로 사람을 지으시고 <u>생기를 그
> 코에 불어넣으시니</u> 사람이 생령이 되니라(창 2:7)

유전자는 켜지기도 하고 꺼지기도 한다는 것이 최근 과학
의 결론입니다. 그렇다면 이 유전자는 무엇에 반응할까요? 그
답은 성경 창세기에 있습니다. "**생기를 그 코에 불어넣으시니**".
이것이 답입니다. "**생기**", 무엇입니까? '**생기**(the Breath of Life)'
는 '생명의 기, 생명의 숨, 생명의 에너지, 생명의 바람, 생명의
힘, 생명의 영'입니다. 이 생기는 믿음(信),
소망(望), 사랑(愛), 진(眞), 선(善), 미(美)에
반응합니다. 한번 생각해 보십시오. 믿음이
없으면, 소망이 없으면, 사랑이 없으면 생
기가 생기지 않지요. 진짜가 아니면, 선이
아니면, 아름다움이 없으면 아무런 감동도
생기지 않습니다.11) 그래서 세포는 꺼질
수밖에 없지요. 우리말에는 이런 표현들로
가득합니다.

> 기가 차다. 기를 편다. 기가 산다. 기분(氣分)이 좋다. 기운
> (氣運)이 없다. 기가 꺾인다. 기가 죽는다. 기를 쓴다. 생기
> (生氣)발랄하다. 기력(氣力)이 넘친다. 원기(元氣)가 넘친다. 기
> 백(氣魄)이 넘친다. 기진맥진하다. 기절(氣絶)했다.……

---

10) 영국 BBC방송 자료
11) 이상구, [질병을 다스리는 DNA]

공기(空氣), 향기(香氣), 일기(日氣), 온기(溫氣), 감기(感氣), 한기(寒氣), 냉기(冷氣), 습기(濕氣), 음기(陰氣), 양기(陽氣), 원기(元氣), 위기(胃氣), 영기(靈氣), 종기(腫氣), 노기(怒氣), 분기(忿氣), 음기(淫氣), 살기(殺氣), 전기(電氣), 수증기(水蒸氣), 생기(生氣), 정기(正氣), 사기(邪氣)……

이를 서양에서는 '에너지(Energy)'라고 하고, 동양에서는 '기(氣), 력(力)'이라고 합니다. 우리는 '힘, 기, 숨'이라고 하고요. 예를 들면, "힘들어, 힘 빠져, 힘난다." "기 죽어, 기 살아, 기 막혀 죽겠네…", 그리고 "숨 막혀, 숨죽이고…"가 있습니다.

@영(Spirit), 무엇인가?

구약(히)에서는 "루아흐", 신약(헬)에서는 "프뉴마"라고 하는데, 이는 "영, 바람, 숨, 기, 입김"으로 번역됩니다. 그리고 성경에는 이 영을 크게 두 가지로 말하고 있습니다. 하나는 **"하기오스 프뉴마"**인데, 이는 "거룩한 영, 거룩한 바람, 거룩한 숨, 거룩한 기, 거룩한 입김" 곧 "성령님"을 말합니다. 다른 하나는 **"포네로스 프뉴마"**인데, 이는 "사악한 영, 사악한 바람, 사악한 숨, 사악한 기, 사악한 입김" 곧, "악령, 사탄"을 뜻합니다.

그런데 뱀은 여호와 하나님이 지으신 들짐승 중에 가장 간교하니라 뱀이 여자에게 물어 이르되 하나님이 참으로 너희에게 동산 모든 나무의 열매를 먹지 말라 하시더냐 …뱀이 여자에게 이르되 너희가 결코 죽지 아니하리라 너희가 그것을 먹는 날에는 너희 눈이 밝아져 하나님과 같이 되어 선악을 알 줄 하나님이 아심이니라(창 3:1-5)

@뱀, 무엇인가?

모든 세포의 유전자는 영, 곧 거룩한 영, 또는 사악한 영에 반응합니다. 그러므로 사악한 영에 노출되면 세포가 변질되고, DNA가 변질되어 질병에 걸릴 수밖에 없습니다. 이를 회복하여 치유하는 길은 오직 하나, 거룩한 영과 접속하여 사악한 영을 쫓아버리는 길밖에 없습니다. 손자병법 모공편에 "지피지기(知彼知己) 백전불태(百戰不殆), 곧 적을 알고 나를 알면 백 번 싸워도 위태롭지 않다!"고 했습니다. 또한 윈스턴 처칠은 "안에 적이 없으면, 밖에 있는 적이 피해를 줄 수 없다!"고 했습니다.

뱀, 무엇입니까? 이사야 14장 12절에는 "**아침의 아들, 계명성**(루시퍼;Lucifer)"으로, 에스겔 28장13-14절에는 "**기름부음받은 그룹천사**"로, 요한계시록 12장 9절에는 "**큰 용, 옛 뱀, 마귀, 사탄, 그의 사자들**"로 나옵니다.

> 너 아침의 아들 **계명성이여(Lucifer[KJV])** 어찌 그리 하늘에서 떨어졌으며 너 열국을 엎은 자여 어찌 그리 땅에 찍혔는고(이사야 14:12)

> 네가 옛적에 하나님의 동산 에덴에 있어서 각종 보석으로 단장하였음이여 네가 지음을 받던 날에 너를 위하여 소고와 비파가 준비 되었도다 너는 <u>기름 부음을 받고 지키는 그룹(an anointed guardian cherub)</u>임이여 내가 너를 세우매 네가 하나님의 성산에 있어서 불타는 돌들 사이에 왕래하였도다(겔 28:13-14)

> 큰 용이 내쫓기니 <u>옛 뱀 곧 마귀라고도 하고 사탄</u>이라고

도 하며 온 천하를 꾀는 자라 그가 땅으로 내쫓기니 <u>그</u>
<u>의 사자들</u>도 그와 함께 내쫓기니라(계 12:9)

@예수님, 무얼 하셨나?

예수님께서 세례(침례)를 받으신 후에, 성령님께 이끌려 광
야로 나가서 마귀의 시험을 받으셨습니다. 잘 보십시오. 에덴에
하나님과 아담부부 그리고 사탄이 있었듯이 여기도 성령님과
예수님, 그리고 마귀가 있습니다. 이것은 모든 사람에게 현실입
니다.

예외가 없습니다. 사십 일 동안이나 금식하신 예수님을 마
귀가 시험했습니다. "돌로 떡을 만들어 먹으라!" "성전꼭대기에
서 뛰어내려라!" "내가 절하면 천
하만국을 다 주마!" 어떻습니까?
이런 유혹에서 자유로운 사람이
누구이겠습니까? 예수님은 이 모
든 시험을 말씀으로 이기셨습니
다. 더 정확하게는 성령님으로 이
기셨습니다. 성령님께서 그 때 그
때 꼭 필요한 말씀을 주셨기 때문
이지요. 이때에 예수님께서 쓰신
결정적인 한방이 무엇입니까?

[출처] 이상구 박사 강의 자료

이에 예수께서 말씀하시되 <u>사탄아 물러가라</u> 기록되었으되
주 너의 하나님께 경배하고 다만 그를 섬기라 하였느니라
이에 마귀는 예수를 떠나고 천사들이 나아와서 수종드니라
(마 4:10-11)

그렇습니다.

"사탄아, 물러가라! Get out of here, Satan!"
"주님만 섬기라! Him only you shall serve."

이것이 승리의 비결이요, 치유의 비결입니다.

그가 찔림은 우리의 허물 때문이요 그가 상함은 우리의 죄악 때문이라 그가 징계를 받으므로 우리는 평화를 누리고 그가 채찍에 맞으므로 우리는 나음을 받았도다(사 53:5)

[박화준 사역] 예수님이 찔림은 내 허물 때문이요 예수님이 상함은 내 죄악 때문이라 예수님이 징계를 받으므로 나는 평화를 누리고 예수님이 채찍에 맞으므로 나는 나음을 받았도다

@호흡과 성령님?

예수님은 이사야 53장 5절 말씀을 이루기 위하여 겟세마네 동산에서 우리의 모든 죄를 대신 하여 피땀 흘려 기도하시다가 잡혀서, 십자가에 달려 죽으시고, 장사한 지 삼일 만에 부활하셨습니다. 그 후에 유대병정이 두려워서 문을 꼭꼭 닫고 숨어 있는 제자들을 찾아 오셔서 숨을 내쉬면서 말씀하셨습니다.

예수께서 또 이르시되 너희에게 평강이 있을지어다 아버지께서 나를 보내신 것 같이 나도 너희를 보내노라 이 말씀을 하시고 그들을 향하사 숨을 내쉬며 이르시되 성령을 받으라(요 20:21-22)

[MSG] Jesus repeated his greeting : "Peace to you. J
ust as the Father sent Me, I send you." Then He took
a deep breath and breathed into them. "Receive the H
oly Spirit," He said.

부활하신 예수님께서 숨을 깊이 들이키시고, 내쉬시며 제자
들의 콧속에 성령님을 불어넣으셨습니다. 마치 여호와 하나님께
서 흙으로 아담을 만드시고 그 코에 생기를 불어넣으셨듯이 말
입니다.

여호와 하나님이 땅의 흙으로 사람을 지으시고 생기를 그
코에 불어넣으시니 사람이 생령이 되니라(창 2:7)
[NKJV] And the LORD God formed man of the dust of
the ground, and breathed into his nostrils the breath of
life; and man became a living being.

호흡, 무엇입니까? 사방에 있는 산소를 코로 들이키어, 허
파꽈리에서 몸속에 있는 피를 타고 운반된 이산화탄소와 교환
하여 흐르다가, 심장의 강력한 추동을 받아서 온몸을 돌면서 모
든 세포와 장기(기관)에 꼭 필요한 산소를 공급하고, 거기에 있
던 이산화탄소를 가지고 심장을 거쳐서 허파를 통하여 몸 밖으
로 배출하는 과정이지요.

이를 영적으로 보면, 사방에
가득한 생기(生氣)를 받아들여 허
파꽈리에서 사기(邪氣)와 교환하여
피를 타고 흘러 심장의 강력한
구동을 받아 온몸을 돌면서 모든

세포 속에 꼭 필요한 생기를 공급하고, 거기에 있던 사기를 사로잡아서 역시 심장과 허파를 통해 몸 밖으로 배출하는 과정입니다. 그러니까 하나님의 생기, 성령님, 곧 거룩한 영을 들이키고, 사탄, 마귀, 곧 사악한 영을 내쉬는 것이 참 삶의 길이요, 참된 치유의 길입니다. 이것이 초대교회에서부터 사막에 살던 영성가들이 주로 했던 [**예수호흡기도**]입니다.

@회개와 치유

> 그러므로 너희가 회개하고 돌이켜 너희 죄 없이 함을 받으라 이같이 하면 유쾌하게 되는 날이 주 앞으로부터 이를 것이요(행 3:19)

예수님을 구주로 믿고 그 마음속에 모신 사람은 예수님을 죽은 자 가운데서 다시 살리신 분의 영이 임하십니다. 이 '**살려 주는 영**(the life-giving Spirit;고전 15:45)'과 접속하여 마음속에 있는 모든 죄를 회개, 곧 마음속에 있는 모든 죄를 철저히 뉘우치고, 모든 상처를 토설하고, 하나님께 돌아오면(repent and turn back), 모든 죄가 지워지고, 말살되고, 없이 함을 받습니다(your sins may be wiped out). 그리하면 마침내 "유쾌하게 되는 날, 새롭게 되는 날, 상쾌하게 되는 날, 호흡이 회복 되는 날, 온 몸이 소생하는 날, 참 안식을 누리는 날"이 임합니다.

> 제자들이 나가서 회개하라 전파하고 많은 귀신을 쫓아내며 많은 병자에게 기름을 발라 고치더라(막 6:12-13)

잘 보십시오. 예수님의 제자들이,
①먼저 회개의 말씀을 선포하여 철저히 회개를 시킨 후에(p

reached that people should repent),

②그 속에 숨어있는 많은 귀신을 쫓아내고(They drove out many demons),

③많은 병자에게 기름을 발라서(anointed many sick people with oil),

④치유해 주었습니다(healed them). 이것이 치유의 정석입니다. 우리 모두 이 길을 함께 갔으면 좋겠습니다. 샬롬!!

@질병, 무엇인가?

질병은 정상(正常)이 스트레스나 독소로 인한 변질로 비정상(非正常)이 되는 것입니다. 정상 몸이 변질로 인해 비정상 몸이 되는 것, 정상 세포가 변질로 인해 비정상 세포가 되는 것, 정상 유전자가 변질로 인해 비정상 유전자가 되는 것, 정상 DNA가 변질로 인해 비정상 DNA가 되는 겁니다. 우울증은 엔도르핀 DNA가 꺼진 것이요, 불면증은 멜라토닌 DNA가 꺼진 것이며, 소화불량은 소화물질 생산 DNA가 꺼진 것이며, 암은 자연 항암물질 생산 DNA가 꺼진 것입니다.

이런 변질에는 크게 두 가지가 있습니다. 하나는 '**유전자 구조가 변질**' 되는 것으로써, 이는 활성산소(Free Radical)의 공격이나 각종 사고에 의한 것입니다. 이때 우리 몸은 '**복구 DNA**'가 즉각 투입되어 손상된 유전자를 회복하도록 프로그램 되어 있습니다. 그런데 그 손상 범위가 너무 크거나 아니면 잘못된 신호에 의해 그 기능이 꺼져버리는 것이 질병의 원인입니다.

다른 하나는 '**유전자 기능의 변질**'입니다. 유전자 자체는 이상이 없는데도 건강을 유지하는 유전자의 기능이 꺼지고 질병을 발현시키는 유전자가 켜지는 현상입니다. 하나님께서 이중 장치로 꺼놓은 질병유발유전자를 누가 변질시키고, 누가 켜지게 할까요?

너희 몸(your body)은 너희가 하나님께로부터 받은 바 너희 가운데 계신 성령의 전인 줄을 알지 못하느냐 너희는 너희 자신의 것이 아니라(고전 6:19)
[HCSB] Do you not know that your body is a sanctuary of the Holy Spirit who is in you, whom you have from God? You are not your own.

여호와여 주는 나의 찬송이시오니 나를 고치소서 그리하시면 내가 낫겠나이다(Heal me, and I shall be healed) 나를 구원하소서 그리하시면 내가 구원을 얻으리이다(렘 17:14)
[현대어] 여호와여, 제가 다시 건강해지도록 제 병을 고쳐 주소서. 저를 다시 한 번 살려 내주소서. 그러면 제가 주님의 도움으로 살아나겠습니다. 제가 의지하는 분은 주님밖에 없습니다.

예수님을 주인님으로 믿는 사람들의 몸은 성전(聖殿)입니다. 우리 몸 성전에 성령하나님께서 거하십니다. 그렇다면 이 성전을 누가 관리해야 합니까? 의사(醫師)입니까? 본인(本人)입니까? 의사에게만 맡기면 됩니까? 본인이 해야 되지 않겠습니까? 분명히 주인님을 모신 우리가 관리하는 것이 당연하지 않습니까? 이것이 [**성전관리사역**(聖殿管理事役)]입니다. 무슨 사역이 이보다 더 우선하는 사역이 있겠습니까?

그런데 거의 대다수 성도들은 성전된 우리 몸을 병원과 의사에게 맡기고 있으니…, 참으로 딱한 노릇이지요. 병원과 의사들, 그들은 무엇을 하고 있습니까? 오늘도 수많은 병원과 의사들이 온 힘을 다하여 사람들을 질병에서 건지기 위해 힘쓰고 있습니다. 그들의 노고를 부인할 생각은 조금도 없습니다. 그러나 그들에게 이 한 가지를 물어보고 싶습니다.

당신이 다루고 있는 사람의 몸은 무엇입니까?
사람의 몸을 하나님께서 만드신 그래서 고귀하고 고귀한 생명으로 생각하고 있습니까?
하나님의 영, 성령님께서 친히 거하시는 성전으로 생각하고 두렵고 떨림으로 진맥하고 처방전을 쓰고,
그 몸에 칼을 대고 있습니까?

[출처] 이상구 박사 건강강좌

의사들이 하는 의료행위는 과연 인간 삶의 질을 높이는 치유가 맞습니까? 그들은 질병의 원인을 치유하기보다 증상을 치료하는 데 매달리고 있지 않습니까? 이 자료는 미국의 한 의학 잡지에서 서양의학의 현주소를 풍자한 그림입니다. 무엇을 말하고 있나요? 의사와 간호사들이 열심히 걸레질을 하며 바닥을 닦고 있군요. 그런데 수도꼭지에서 물은 계속 흐르고 있지요. 무엇부터 해야 할까요? 증상을 치료하는 것은 옳아요. 반드시 해야 할 일이지요. 그러나 원인은 그대로 두고 증상만 치료하는 행위는 과연 누구를 위한 것입니까? 병원과 의사들은 왜 원인치유보다 변질된 부분만 고치는 증상 치료에 매달릴까요?

과연 환자를 위한 것일까요? 아니지요.

원인을 찾지 않는 증상치료의학, 무엇입니까? 그것은 황금알 낳는 약물과 고가의 의료기기를 많이 사용하게 하는 방법이 되기도 합니다. 물론 원인을 묻지 않는 치료의 매력은 환자에게 질병의 원인에 대한 책임을 묻지 않는 것도 한 몫 합니다. 그러나 무엇보다 약물과 시술로 환자의 노력이 필요 없게 만들어서, 치료의 주도권을 병원과 의사가 가지는 이점이 있기 때문입니다.

요즘 병원과 의료인들의 지나친 증상 위주의 의술과 돈벌이 위주의 의학을 비판하면서 의료 종사자들 스스로 자성의 목소리를 내는 책들이 쏟아지고 있어 다행입니다. 그런 책에는 "의사가 환자를 만들고 약이 병을 키운다.12)", "**약에게 살해당하지 않는 47가지 방법**13)", "**약을 끊어야 병이 낫는다**14)", "**의사에게 살해당하지 않는 47가지 방법**15)", "**의사들이 해주지 않는 이야기**"16), "**나는 현대의학을 믿지 않는다**"17)······들이 있습니다. 프랑스에서 전통의학을 보급하는 일에 앞장서고 있는 O. **클레크**가 한 탄식입니다.

의사들이 현대의학이라는 종교에 매달려
백신과 항생물질로 마술 쇼를 하는 동안
인류의 건강은 무너지고 있다.

---

12) 박명희, [의사가 환자를 만들고 약이 병을 키운다]
13) 곤도 마코토/김윤경, [약에게 살해당하지 않는 47가지 방법]
14) 아보 도오루/조영령, [약을 끊어야 병이 낫는다]
15) 곤도 마코트/이근아, [의사에게 살해당하지 않는 47가지 방법]
16) 린 맥타가트/진선미, [의사들이 해주지 않는 이야기]
17) 로버트 S. 멘델존/남점순, [나는 현대의학을 믿지 않는다]

다시 물어 봅니다. 기(生氣)가 꽉 막히면, 유전자가 꺼집니다. 내 유전자가 꺼진 원인을 찾아서 치유해야 할 사람은 누구여야 할까요? 의사입니까? 나 자신입니까? 우리 몸에는 몸속에 침투하는 병원균과 이 모양 저 원인으로 발생하는 암세포를 제거하기 위한 강력한 면역세포(NK, B, T세포)가 있습니다. 이들 면역세포를 꺼버린 장본인은 누구인가요? 바로 나 자신이지요. 그래서 자신에게서 시작된 질병의 원인을 찾아서 그 원인을 개선하도록 유도하여 병을 치유하는 새로운 대안을 제시하는 책도 여러 권 눈에 띕니다. 참 반가운 일이 아닐 수 없습니다. 그런 책에는 "의사의 반란"18), "채식치유학"19), "암은 병이 아니다"20), "질병을 다스리는 DNA 자연치유 본능"21), "질병을 다스리는 DNA 스위치를 켜라"22), "비우고 낮추면 반드시 낫는다"23)……들이 있습니다.

너희는 이 세대를 본받지 말고 오직 마음을 새롭게 함으로 변화를 받아 하나님의 선하시고 기뻐하시고 온전하신 뜻이 무엇인지 분별하도록 하라(롬 12:2)

숨을 비우고 호흡의 중심을 낮춰라.
장을 비우고 음식의 양을 낮춰라.
욕망을 비우고 노력의 강도를 낮춰라.
생각을 비우고 나를 낮춰라.
- 하나통합의원 전홍준 박사 -

---

18) 신우섭, [의사의 반란]
19) 이광조, [채식치유학]
20) 안드레아스 모리츠, [암은 병이 아니다]
21) 이상구, [질병을 다스리는 DNA 자연치유 본능]
22) 이상구, [질병을 다스리는 DNA 스위치를 켜라]
23) 전홍준, [비우고 낮추면 반드시 낫는다]

제 3 장
현미 & 생채식

하나님이 이르시되 내가 온 지면의 **씨 맺는 모든 채소와
씨 가진 열매** 맺는 모든 나무를 너희에게 주노니 너희의
먹을거리가 되리라(창세기 1:29)

제 3 장 : 현미 & 생채식

[명령] 하나님이 이르시되 내가 온 지면의 **씨 맺는 모든 채소와 씨 가진 열매** 맺는 모든 나무를 너희에게 주노니 너희의 먹을거리가 되리라(창세기 1:29)

하나님께서 하나님의 형상을 닮은 사람을 만드시고, [**씨 맺는 채소와 씨 가진 열매**]를 생명보존을 위한 먹거리로 주셨습니다. 그 후 아담부부가 먹거리로 인해 죄를 범한 후에도 하나님께서는 얼굴에 땀을 흘리며 채소밭을 갈아서 먹을 것을 먹으라고 하셨습니다.

땅이 네게 가시덤불과 엉겅퀴를 낼 것이라 **네가 먹을 것은 밭의 채소인즉** 네가 흙으로 돌아갈 때까지 얼굴에 땀을 흘려야 먹을 것을 먹으리니 네가 그것에서 취함을 입었음이라 너는 흙이니 흙으로 돌아갈 것이니라(창 3:18-19)

그런데 하나님께서 아담에게 양가죽으로 옷을 입혀주신 이후부터 양을 잡아서 하나님께 제사를 드렸습니다. 그러나 그 후의 자손들 중에 누군가는 하나님께 제사를 드리고 남은 고기 맛을 보지 않았을까요. 창세기에 4장에 **아다의 아들 야발**이 장막에 거하여 육축 치는 자의 조상이 되었다는 표현을 보면 충분히 짐작이 가지요.

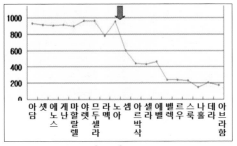

[출처] 황성수 박사 강의 자료

그래서 노아홍수 이후에 하나님께서는 모든 산 동물을 그 생명인 피를 제거하고 먹는 조건으로 허락하셨습니다. 그런데 보십시오. 노아 이후 사람들의 수명이 급속도로 줄어들지요. 아브라함 때는 100년대로 줄어들고 결국 120년으로 단축되었습니다(창 6:3).

[허락] 모든 산 동물은 너희의 먹을 것이 될지라 채소 같이 내가 이것을 다 너희에게 주노라 그러나 <u>고기를 그 생명 되는 피째 먹지 말 것이니라</u>(창세기 9:3-4)

@한국의 주식(主食)

우리 민족의 '주식(主食)'은 거의 5,000년 동안 '현미(玄米)'였습니다. 그러다가 조선 중엽에 와서 임금에게 바치는 쌀을 어미(御米)라고 하며 백미(白米)을 만들어서 드렸는데, 이것이 그만 부(富)의 상징으로 숭상되어 양반과 한양 성안에 사는 사람들은 너도 나도 백미를 만들어 먹는 풍토가 생겼습니다. 그러니까 현미는 성문밖에 사는 상놈의 쌀이 되어버렸지요.24) 그 후 일본이 우리나라를 강점하고, 벼를 깎는 도정기술을 보급하여 곳곳에 정미소가 생기면서 백미가 전 국민의 주식이 되었습니다.

제가 어린 시절에는 흰 쌀이 귀해서 시커먼 보리밥을 하면서

[출처] 구례북초등학교 12회

24) http://cafe.daum.net/northschool-12

한 가운데 백미를 올려서 밥을 하여, 할아버지 할머니 아버지만 하얀 쌀밥을 드리고, 우리는 시커먼 꽁보리밥을 먹던 시절이 눈에 선합니다. 그 당시는 '흰쌀밥에 고깃국'을 한번 실컷 먹어보는 게 평생소원이었지요. 그러니까 백미를 먹기 시작한 것은 기껏해야 50년 전후에 불과합니다. 그러니 우리 세포 속에는 여전히 5,000년 동안 줄곧 먹어온 현미를 사모하는 유전자(DNA)로 가득하다고 할 수 있습니다.

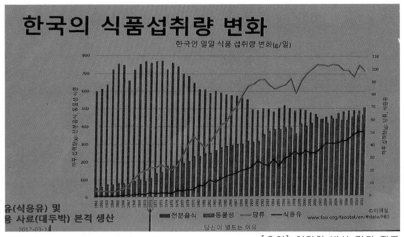

[출처] 이의철 박사 강의 자료

직업환경의학 전문의 **이의철** 박사가 [**당신이 병드는 이유**]라는 강의에서 발췌한 그림을 봅시다. 이 표는 1961년부터 2011년까지 [**한국의 식품섭취량 변화**]를 한눈에 볼 수 있게 한 자료입니다. 왼쪽의 '초록색 막대'는 전분음식(현미, 보리, 밀…)을 섭취한 양을 보여주고, 오른쪽의 '빨간색 막대'는 동물성식품을 섭취한 양을 말합니다. 위의 '노란색 선'은 당류를 보여 주는데, 잘 보십시오. 50년 사이에 무려 100배나 소비했지요. 아래의 '남색 선'은 식용유를 표시합니다. 1971년도부터 콩기름을 국내에서 처음으로 생산하기 시작하면서 기름 소비가 가히 폭발적으로 이루어져서 무려 50배를 넘어섰습니다.

요즘 떠도는 소문에, 당뇨병의 주범이 포도당을 만드는 탄수화물(쌀, 보리, 밀…)이라며, 탄수화물 줄이기 운동을 벌이고 있다더군요. 그렇다면 물어봅시다. 1960년도 이전에 당뇨병이 많았을까요? 지금이 많을까요? 당연히 지금이 훨씬 많죠. 아니 1960년 당시 사람들은 아예 지금 우리가 쓰는 밥그릇보다 훨씬 더 컸고, 그 큰 밥그릇에 밥을 꾹꾹 눌러 담아서 먹었는데도 당뇨병에 걸리지 않았습니다. 왜 그랬을까요? 그리고 보면 당뇨병을 포함한 각종 질병의 주된 원인이 다른 데 있음이 분명합니다. 무엇일까요? 범인을 잡으려면 제대로 잡아야지요. 그것은 탄수화물이 아니라, 바로 100배, 50배로 늘어난 '**당류**(설탕, 액상과당…)'와 '**식용유**(콩기름, 옥수수기름, 카놀라유…)'이지요.

@현미와 백미 영양 비교

요즘 우리가 섭취하는 대표적인 탄수화물은 우리의 주식인 쌀입니다. 현미와 백미는 같은 쌀입니다. 벼에서 '왕겨(겉껍질)'를 벗겨낸 것이 현미(玄米)인데 이를 '1분도미', 또는 '영분도미'

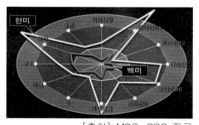

[출처] MBC, BBC 자료

라고도 합니다. 여기에는 속껍질과 씨눈(배아)이 그대로 남아있지요. 바로 이 속껍질과 씨눈에 각종 미네랄과 비타민, 그리고 섬유질이 풍부합니다. 그런데 백미는 열 번이나 돌렸다고 '10분도미'라고도 하는데, 이는 속껍질과 배아를 모두 제거해서, 영양소의 95%는 버리고, 5%만 남은 것입니다.

현미에는 백미보다 변비를 예방하고 탈출하는 '섬유소'가 3.3배 많고, 당뇨병을 예방하는 '비타민 B6'는 16.7배나 많습니다. 또한 피를 맑게 하는 '비타민 K'가 10배 많고, 중금속을 제거하는 '휘친산'은 4.9배 많으며, 당질 소화를 촉진하는 '비타민 B1'이 9.3배나 많이 들어 있습니다.

영양소	현 미	백 미	비 율	효 능
단백질	7100	5470	1.3배	기초체력강화
지 방	30200	10600	2.9배	성인병 예방
당 질	70520	65400	1.1배	인체요구량 충분
철 분	1240	340	3.7배	근육강화
섬유소	1000	300	3.3배	변비예방, 탈출
칼 슘	21	17	1.3배	골격 및 세포 형성
비타민B6	620	37	16.7배	당뇨병 예방
비타민K	10000	1000	10배	피를 맑게 함
비타민E	1000	200	5배	혈액순환 탁월
휘친산	240	41	5.9배	중금속 제거
인	332	186	1.8배	뇌신경 발달
철	2	1	2배	빈혈예방
마그네슘	75	60	1.3배	뼈와 치아 강화
비타민B1	500	54	9.3배	당질소화 촉진
비타민B2	66	33	2배	신체발육 증진

[출처] 인테넷 자료

그래서 [기적을 낳는 현미]를 쓴 정사영 박사는 현미를 [천여건강무병장수식품; 天與健康無病長壽食品]이라고 하고, 백미를 [인공무영양조병식품; 人工無營養造病食品]이라고까지 말했습니다. 무슨 말입니까? 현미는 '하나님이 허락하신 병을 없애는 장수 식품'이라는 뜻이요. 백미는 '사람의 간사한 입맛을 위해 만든 영양가도 없고 병만 일으키는 식품'이라는 뜻이지요. 그러니까 백미는 현미의 시체요 산성체질의 주범입니다.

특히, 현미의 배아에는 "베타시스테롤"이라는 항암물질이 있습니다. 현미를 주식으로 하는 사람 중에는 암환자가 한 사람도 없습니다. 현미는 "암 예방 약"입니다. 백미는 우리 몸에 필요한 영양이 부족하여

과식과 육식, 그리고 각종 술을 즐기게 됩니다. 이처럼 '백미식(白米食)은 망국식(亡國食)'입니다!25)

@현미 괴담의 진실?

요즘 많은 사람들이 현미식에 눈을 돌리고 있어서 참 다행으로 생각하는데, 몇몇 사람들의 잘못된 선동으로 혼란스러워하는 사람이 있어서 분명히 해 둡니다. 현미에 독이 있는 것은 사실입니다. 그런데 모든 씨앗에는 현미와 같이 독이 있습니다. 그러나 우리 조상들은 이미 수천 년간이나 현미를 먹어 와서, 이미 체질화 되어서 우리 몸은 그 정도의 독을 충분히 감당할 수 있습니다. 그리고 우리는 오로지 현미만 먹는 것이 아니고, 다른 음식물도 함께 섭취하기 때문이 전혀 걱정할 필요가 없습니다. 경북대 **이덕희** 교수의 말을 들어봅시다.

[출처] 대구MBC 우리 몸을 살리는 편식

"현미의 식이섬유 속에는 '리그닌(Lignin)'이 많은데, 이 리그닌은 소화흡수는 잘 되지 않지만 흡착력이 강한 물질입니다. 이것이 동물성 지방 섭취로 인해 인체에 잔류하는 유기화학물질인 '팝스(POPs)'를 신속히 붙잡아서 대변으로 빠져나오게 하는 역할을 매우 탁월하게 해냅니다. 이 리그닌 성분은 통곡물에 주로 있는 데, 통밀에 비해 현미가 그 효과가 더 높습니다."26)

---

25) 정사영, [기적을 낳는 현미] p.29-31, 51
26) 대구MBC 우리 몸을 살리는 편식, 이덕희 교수

@생식(生食)과 화식(火食)

사람들은 현미를 먹어도 익혀서 먹습니다. 그러나 생(生)으로 먹는 것이 훨씬 좋습니다. 생식은 최상의 천연식입니다. 왜냐하면 생식은 하나님께서 채소와 열매를 만드신 그대로의 영양소를 고스란히 가지고 있기 때문입니다. **황성주** 박사가 비교해 놓은 **[화식과 생식의 영양 손실 비교표]**를 보면, 비타민, 미네랄, 효소, 단백질, 지방, 엽록소, 씨눈, 섬유질이 거의 그대로 보존 되는 것이 생식입니다.

구분	화식과 가공식	생식
비타민	수용성 비타민이 주로 파괴 지용성 비타민도 고온에 파괴	거의 파괴 되지 않음
미네랄	가열에 의한 손실	거의 유지됨
효소	열에 의해 파괴	효소가 살아 있음
단백질	단백질 변성	적당한 생단백질 섭취
지방	지방 산패	신선한 식물성 지방 섭취
엽록소	조리 및 가열시 파괴	거의 파괴 되지 않음
씨눈	가공으로 제거	그대로 유지
섬유질	가공으로 제거	그대로 유지

[출처] 황성주 [병은 없다] p.173

특히 식물성 효소는 물의 온도가 섭씨 48-56도일 때에 완전히 사멸됩니다. 그러므로 열처리한 식물을 먹으면 살아 있는 식물효소들을 얻을 수 없게 됩니다. 효소실조는 영양실조보다 더 심각합니다. 효소의 동화작용이 제대로 이루어지지 않을 때, 각종 퇴행성 질병, 소화기질환이 발생합니다.[27] 불에 익힌 화식이나 정제된 음식에는 어떠한 종류의 효소도 없으므로, 그 음식 소화를 위해서는 인체내부의 소화효소를 100% 분비해야 됩니다. 그런 요구가 반복되면 췌장은 더 많은 소화액을 생산하기 위해 병적으로 비대해지고, 마침내 내부 소화액이 고갈되면, 각종 질병이 발생합니다.[28]

만일 우리 몸이 철분이 필요하다고 쇠붙이를 그냥 먹어도

---

27) 이태근, [밥상 혁명을 일으켜라] p.75
28) 앞의 책, p.235

될까요? 그 쇠붙이는 무기물질이어서 안 됩니다. 그래서 하나님께서는 채소와 과일, 바다의 해조류를 통하여 '**무기철분**'을 '**유기철분**'으로 만들어 놓으셨습니다. 그런데 조리과정에서 이것을 불에 익혀버리면 어떻게 될까요? 그렇지요. 다시 무기철분이 되어버리지요. 그러면 우리 몸은 그렇게 들어온 무기철분을 각 기관에 꼭 필요한 자원으로 쓰기 위하여 다시 유기철분으로 만들어야 하니, 이중삼중으로 고생하게 됩니다. 그러니까 창조주께서 우리 몸이 쓰기 좋게 만들어 놓은 것을 불에 익혀서, 죽여서, 시체를 만들어 먹는 것이 오늘날 우리네 '**잘못된 음식문화**'이지요.

우리는 조직이 그대로 살아있는 '**산 음식**'을 먹어야 합니다. 불에 익혀서 시체가 되어 들어온 음식은 활력을 일궈내지 못합니다. 조리하여 죽은 세포가 '**산 몸**'에 어떻게 영양을 줄 수 있겠습니까? 음식물 속에 살아 있는 조직과 인체의 조직세포가 서로 에너지를 교환해야 건강한 힘이 생성됩니다. 이처럼 음식을 흡수해서 소화시키는 과정은 진정, 인체의 신비한 능력이자 생명력입니다. 그냥 물에 씻기만 한 신선한 음식, 특히 채소와 과일에는 신비한 태양에너지가 가득히 들어 있습니다. 그것은 인체의 건강을 증진시키는 힘을 발휘합니다. 자연 그대로의 신선한 채소와 과일에는 만드신 이가 주신 생명과 사랑에너지가 그대로 있습니다. 그래서 신선한 채소와 과일을 그대로 섭취하면, 사랑의 치유에너지가 신체의 내면에서 환희와 희열을 일으켜 아름다운 치유가 일어납니다.[29]

이외에도 요즘 각광받고 있는 항산화물질, '**파이토케미칼**(Phytochemicals)'은 자외선, 해충, 활성산소, 박테리아, 바이러스, 곰

---

29) 앞의 책, p.281

곰팡이…들의 유해한 물질들로부터 자신을 보호하는 역할을 합니다. 이것은 인체 내에서도 동일한 작용을 하는데 몸 안에 활성산소나 발암물질을 파괴시키고, 면역세포의 기능을 강화시켜주며 항암작용에도 효과가 있음이 알려져 있습니다. 이는 주로 '**채소와 과일의 겉껍질**'에 많이 있습니다.

> *안토시아닌(Anthocyanin)-보라색, 검정색; 가지, 포도…
>
> *안토크산틴(Anthoxanthine)-흰색; 무, 양파…
>
> *카르틴(Cantine)-항산화, 해독; 당근 및 모든 채소…
>
> *라이코펜(Lycopen)-붉은 색; 토마토, 수박, 사과 껍질…
>
> *루테인(Lutein)-녹색, 신장, 간, 눈, 유방암; 시금치, 깻잎, 브로콜리, 케일…
>
> *리그닌(Lignins)-유기화학물질 제거; 현미, 참깨, 각종 씨앗들
>
> *알리신(Alicin)-혈관 확장, 콜레스테롤 감소; 마늘…
>
> *셀포라핀(Sulforaphane)-호흡기 보호; 브로콜리…30)

생식은 병든 인간을 치유하고 하나님의 형상을 회복하는 '**생명식**'입니다. 완전식 중의 '**완전식**'이요. '**예방식**'이요, '**치유식**'이며, '**재활식**'입니다. 만일 생식이 한국은 물론 전 인류에게 보편화된다면, 인류 최대의 건강혁명이 될 것이라고 확신합니다.31)

@왜 생채식을 해야 하나?

자, 여기서 과학시간에 배운 실력을 발휘해 보십시다. 나무

---

30) 이문현, [난치병혁명, 생즙] p.66
31) 황성주, [생식과 건강] p.26

는 탄소(C)덩어리이지요. 이 나무를 불에 태우면 산소(O_2)를 만나서 탄산가스(CO_2)를 배출합니다. 강원도 산에서 많이 발견되는 석회석, 탄산칼슘($CaCO_3$)을 가열하면, 역시 산소(O_2)를 만나서 생석회, 산화칼슘(CaO)이 되지요. 이것이 우리가 흔히 말하는 시멘트입니다. 이 시멘트에 모래를 넣고 물(H_2O)을 부으면 건축용 콘크리트가 됩니다. 여기까지 이해가 되셨지요? 이제 채소를 보십시다. 시금치에 많다는 칼슘(Ca)을 불에 삶으면, 역시 산소(O_2)를 만나서 산화칼슘(CaO)이 되지요. 산화칼슘, 이게 바로 앞에서 본 시멘트이지요. 이것이 음식으로 몸속에 들어가서 피(H_2O)를 만나면 혈관 내 콘크리트가 됩니다. 바로 이것이 세포를 화석화하고 간이나 신장에서 결석(結石)을 만듭니다. 시금치를 익히지 않고 그냥 먹으면 결석이 생기지 않습니다.

시금치만 그럴까요? 사실 모든 채소와 과일 속에 있는 칼슘은 불을 만나면 산화칼슘(시멘트)이 되고, 이것이 몸속에서 물을 만나면 화석화 되거나 결석을 만듭니다. 포도즙을 사서 좀 오래두었다가 먹으려고 만져보면 그 봉지 속에 무언가가 잡힙니다. 그것이 포도즙을 만드는 과정에서, 포도를 삶는데, 그때 칼슘이 불을 만나 산화칼슘(시멘트)이 되었고 이것이 포도즙(물) 속에 있으면서 뭉쳐져서 결석이 된 것이지요. 그러니 나물을 삶아서 기름에 무쳐서 먹거나 국을 끓여 먹는 것은 우리 몸을 망치는 악습 중에 악습입니다. 그래서 모든 채소와 과일과 곡식을 생(生)걸로 먹기를 강력히 권합니다.

@황성수 박사

대구의료원에서 뇌신경전문의로 일하는 **황성수** 박사도 뇌에 깨끗한 피를 공급하는 방법을 찾다가 현미 채식을 만나서,

자신과 가족이 먼저 몇 년을 해보고 효과가 좋아서 환자들에게 적용해 보았더니 큰 효과가 있었습니다. 그래서 그는 [곰탕이 건강을 말아 먹는다], [현미밥 채식], [목숨 걸고 편식하라]…는 책을 쓰고, 아예 진안에 [황성수힐링스쿨]을 개원하여 본격적으로 각종 환자들을 치유하여 그 소문이 자자합니다. 그도 처음에는 현미밥을 권했지만, 차츰차츰 생현미를 그대로 먹는 것을 적극 권하고 있습니다.

@이태근 선생

전남 임실에 살고 있는 이태근 선생은 젊은 나이에 신부전증으로 신장을 이식받고, 시골 산속에 들어가서 생현미, 생고구마, 생감자를 먹고 생채소, 생과일과 꿀, 감식초를 먹으면서, 평생 먹어야 한다는 면역억제제(스테로이드약)를 서서히 끊었습니다. 그는 [당신을 살리는 기적의 자연치유], [밥상혁명을 일으켜라]…는 책을 쓰고나서, 소문 듣고 찾아오는 많은 환자들을 치유하고 있습니다.

이태근 선생의 식단을 참고하여, 저의 식단을 적어봅니다.

①아침식사 : 저는 아침식사를 거의 먹지 않지만 먹는다면 제철 과일을 껍질과 씨앗 째로 먹습니다.

②점심식사 : 저는 전날에 불려놓은 '생현미' 3숟갈에 '들

깨' 2순갈과 '땅콩' 10개 정도를 넣습니다.
이것을 주식으로 하여 텃밭에서 나는 '상
추, 양배추, 들깻잎, 쇠비름, 오이, 가지,
호박, 옥수수'를 모두 날(生) 걸로, '순이표
쌈장'과 함께 먹습니다. 여기에 '생김, 다시
마'을 더하면 더 좋습니다.

　　③저녁식사 : 저녁에도 낮에 와 거의
같이 먹습니다. 물론, 환자들이 식단을 물
어올 경우에는 그 사람의 소화력에 따라 식단을 달리하고 있습
니다. 이때는 주로 요리하는 약사 **한형선**의 **[프드+ 닥터]**를 자
주 참고하여 얘기해 줍니다.

@현미식과 질병 치유

　　우리나라에 현미식으로 질병을 치유하는 길을 연 사람이
정사영 박사가 아닐까 생각됩니다. 그의 책 **[기적을 낳는 현미]**
는 수많은 생명을 살리는 고마운 책입니다. 이 책에 나오는 현
미생채식의 완치사례를 압축하여 몇 가지 적어봅니다.

①간경화 완치

　　간경화로 2년 넘게 병원에서 할 수 있는 것은 다 해보았지
만 더 악화되어 치료 불가 판정을 받고 퇴원했습니다. 이런 절
망적인 때에 정사영 박사의 현미식 강의를 듣고 주식을 현미로
바꿔서 약 1개월 간 계속 했더니, 놀랍게도 약을 먹을 필요가
없어졌습니다. 그 후부터 우리가정은 계속 현미만 먹고 있었는
데, 저는 물론이고 온 가족의 건강이 놀랄 만큼 좋아졌습니다.
한 번은 현미를 구하지 못해서 약 일 주일 정도 중단한 적이
있었습니다. 그랬더니 식구들이 쉽사리 피로를 느끼는가 하면

공복감(空腹感) 때문에 쩔쩔 매는 부작용이 생기는 것을 보았습니다. 현미야 말로 생명을 살리는 쌀입니다. 생명이 살아 있는 현미를 먹어야 우리 육체도 더욱 활기가 넘쳐서 보람 찬 생활을 할 수 있으리라 믿습니다. - 경기 구리시 김순여(47세)[32]

②당뇨병 완치

최근에 몹시 피곤하고 밤에 자주 소변을 보고 물을 많이 마셔서 병원에 가보니 당뇨병이라고 했습니다. 그래서 보리밥을 먹어도 별 차도가 없던 차에 정사영 의원을 소개받고 가서 같은 진단을 받았습니다. 주치의의 말인즉, 당뇨병은 약으로는 절대로 치유할 수 없고 식이요법뿐이라고 했습니다. 현미의 씨눈에는 당뇨병 예방 겸 치유 약이 들어 있으니, 현미와 함께 피를 깨끗하게 하기 위해 채소즙을 열심히 들라고 특히 강조해 주셨습니다. 그대로 1주일간 열심히 하고 진찰해보니, 당뇨병이 감쪽같이 없어졌습니다. 미심쩍어서 처음에 간 병원에 다시 가서 진찰해 봐도 역시 완치였습니다. 아무래도 저는 발병된 지 오래지 않아서 속히 치유되었나 봅니다. 그러나 누구든지 1년 간 현미 생채식을 하면 완치된다고 확신합니다. - 서울 우이동 강○○[33]

③위암 완치

1년 전에 느닷없이 가슴이 쓰리고 탈진되어 병원에 가서 위암 판정을 받았습니다. 치료를 시작하면서 그렇게 좋아하던 술, 담배를 일체 끊고, 병 치료에 해로운 음식은 모두 금했습니다. ①자극적인 조미료(고추, 후추⋯), ②커피, 홍차, 청량음료(박카

---

32) 앞의 책, p.299
33) 앞의 책, p.329

스, 콜라…), ③육류와 어류, 계란과 우유, ④백미와 밀가루, ⑤설탕과 화학조미료(미원…), ⑥소금 중성세제(가루비누, 물비누)입니다. 그리고 현미, 율무, 오이, 토마토, 당근, 무를 100번 이상 씹어 먹고서 3개월 만에 모든 증상이 씻은 듯이 완치되었습니다. - 서울 면목동 손0운(51세)[34]

④폐암 완치

수년 전에 폐병을 치료받고 괜찮은 줄 알았는데, 뜻밖에도 폐암진단을 받았습니다. 눈이 캄캄해 졌지만, 주치의 정사영박사의 처방대로 현미 생채식을 열심히 순종했습니다. 처음에는 현미에다 율무쌀을 섞어서 거기에다가 날 채소만 먹기가 상당히 힘들었습니다. 그러나 인내하며 순종했습니다. 그랬더니 어느덧 그렇게 아프던 어깻죽지가 차차 차도를 보여서 모처럼 푹 잘 수 있었습니다. 그 때부터 그렇게 좋아하던 담배를 이를 악물고 완전히 끊어버렸습니다. 거의 매 시간 채소 과일즙을 먹고 깊이깊이 복식호흡으로 숨 쉬며 가벼운 운동을 했습니다. 3개월 후 암 덩어리가 작아지고, 그 후 농사일을 하다가 1년 후에 조사해 보았더니, 암이 흔적도 없이 사라지는 기쁨을 누리게 되었습니다.- 의왕시 이종(61)[35]

⑤각종 질병 완치

이 밖에도 비만, 변비, 치질, 빈혈, 고혈압, 당뇨병, 습진, 가스중독, 편도선염, 기관지천식, 골수염, 농약중독, 갑상선병, 자궁암, 직장암, 간암, 유방암, 백혈병, 악성간질, 유산……을 비롯한 59가지 완치 사례를 적어놓았습니다.[36]

---

34) 앞의 책, p.308
35) 앞의 책, p.310
36) 앞의 책, p.299-361

어떤 것도 채식으로 전환하는 것만큼
인류를 건강하게 하거나
지구에서의 생존 가능성을 높이지 않는다.
- 알버트 아인슈타인 -

제 4 장
고혈압 원인과 치유

내 살은 참된 양식이요
내 피는 참된 음료로다(요 6:55)

제 4 장 : 고혈압 원인과 치유

모든 생물은 그 피가 생명과 일체라 그러므로 내가 이스라엘 자손에게 이르기를 너희는 어떤 육체의 피든지 먹지 말라 하였나니 모든 육체의 생명은 그것의 피인즉 그 피를 먹는 모든 자는 끊어지리라(레위기 17:14)

너희는 기름과 피를 먹지 말라 이는 너희의 모든 처소에서 너희 대대로 지킬 영원한 규례니라(레위기 3:17)

우리 몸의 혈관은 약 12만 Km이며 이는 지구를 3바퀴나 돌 정도의 길이입니다. 하나님 말씀처럼 '**피는 생명**'입니다. 우리가 음식물을 먹으면 이빨과 위장에서 잘게 부수고, 십이지장으로 내려가서 췌장과 담즙(쓸개 액)을 통해 더욱 잘게 부셔져서, 소장으로 들어가 마지막 소화가 이루어집니다. 그 영양소를 장내에 살고 있는 미생물이 적당한 영양소로 분해하면, 그것이 소장벽을 통해 혈관 속으로 들어가지요. 이렇게 피 속에 흡수된 영양분은 일단 간장으로 보내져서 해독을 거친 후에 심장으로 갑니다. 심장의 힘찬 박동을 받은 피가 허파를 통해 산소를 공급받고 다시 심장으로 돌아와서, 역시 강력한 박동을 받아서 온몸에 있는 각 기관에 적당한 '**영양분**'과 '**물**' 그리고 '**산소**'를 공급합니다.

이 모든 과정이 한 치의 오차도 없이
잘 되고 있다면 얼마나 좋을까요.
그러나, 아~~

@혈압, 왜 변하나?

고혈압환자 1천만 시대!
고혈압 약값 1조 5000억!

혈압은 왜 변할까요? 우리 몸을 이루고 있는 모든 세포는 '**물**'과 '**영양분**'과 '**산소**'를 필요로 합니다. 심장은 혈관을 통해 세포에 이 '물'과 '영양분'과 '산소'를 공급하기 위해 끊임없이 박동합니다. 그런데 왜 그렇게 급하게 박동할까요? 무엇을 그리 급하게 보내야 하기에…. **물, 영양분, 산소, 어느 것입니까?** 그렇지요. 바로 '**산소**'입니다. 산소를 필요로 하는 각 기관, 특히 두뇌에 긴급하게 보내기 위해 그렇게도 열심히 박동하다 보니, 혈압이 올라갈 수밖에요.

"혈압약은 평생 먹어야 하며, 요즘은 장복해도 부작용이 거의 없어요. 혈압약을 끊으면 큰일 납니다. 자다가 죽을 수도 있고, 중풍으로 누워 지낼 수도 있으니 반찬이다 생각하시고 매일 드세요!"

누구의 말인지 아시겠지요?
고혈압을 진단한 후에 의사가 한 말입니다.
과연 그렇습니까?
그 방법 밖에 없나요?
정말로 그렇게 해도 되는 겁니까?
고혈압 약의 부작용은 하나도 없을까요?

@고혈압 원인, 무엇인가?

우리 몸의 각 기관이 필요로 하는 '산소'를 신속히 공급하기 위해 심장이 열심히 박동하는 데, 혈관이 좁아져 있다면 고혈압이 생길 수밖에 없겠지요. 그래서 **"동맥경화"**가 고혈압의 주원인이라고 할 수 있습니다. 고혈압 때문에 동맥경화증이 생기는 것이 아니라 동맥경화증으로 말미암아 고혈압이 생깁니다. 이런 동맥경화증은 어릴 때부터 나이가 들어감에 따라 서서히 혈관이 굳어지면서 생기지요. 어릴 때부터 동맥경화증을 만드는 콜레스테롤과 중성지방이 많은 동물성 식품을 먹는 식생활 습관이 원인이지만, 중년 이후가 되어서야 혈압이 올라가는 경우가 대부분입니다. 왜냐하면 혈관은 웬만큼 좁아지기 전까지는 평상시처럼 혈액을 공급하기 때문입니다.37) 그래서 사람들은 동맥경화증을 대수롭지 않게 여깁니다.

이런 동맥경화증에는 심장동맥경화, 뇌동맥경화, 콩팥동맥경화, 말초동맥경화가 있습니다. 동맥경화증은 삶의 스트레스, 운동과 스트레칭 부족, 음주와 흡연, 그리고 불면증과 비만, 무엇보다 지방이 과다한 음식을 많이 섭취한 결과입니다. 혈압을 측정하는 단위는 mmHg(미리미터수은주)인데, 이는 수은주의 높이를 표시한 겁니다.

@정상혈압과 고혈압 판정?

고혈압은 거의 모든 병의 원인입니다. 그런데 고혈압 판정 범위는 각 나라마다 조금씩 차이가 있으며, 여러 번 변해 왔고,

---

37) 황성수, [고혈압, 약을 버리고 밥을 바꿔라] p.52

점점 더 낮아지는 추세입니다.

①일본은 1998년에는 160 / 95mmHg이었는데, 현재는 147 / 88mmHg 이상으로 정했습니다.

②독일은 1900년에는 160 / 100mmHg이었는데, 현재는 140 / 90mmHg 이상으로 봅니다.

③미국은 현재 150 / 90 mmHg 이상으로 보고 있습니다.

④우리 한국은 현재 140 / 90mmHg 이상을 고혈압으로 봅니다.

그런데 고혈압의 수치를 자꾸 낮게 책정하는 이유가 무엇일까요. 이런 현상을 지켜본 미국의 양심 있는 일부 의사들은 "고혈압의 범위를 점차 넓히는 주체는 다름 아닌 **고혈압 마피아**"라고 확신합니다. '고혈압 마피아'는 정상 혈압 범위를 낮추고 또 낮추도록 압력을 가하는 소수의 학계 권위자들을 말합니다. 그들이 그렇게 하는 이유는 단 한 가지, '**약의 판촉**'을 위해서입니다. '**고혈압 진단**'은 한 사람을 '**평생고객**'으로 만들 수 있는 강력한 판촉 행위인 겁니다.38)

어떤 사람은 평소 혈압이 꾸준히 높거나 낮은 사람이 있습니다. 그렇다면 그런 사람에게는 그것이 정상혈압이지요. [**약에게 살해당하지 않는 방법**]의 저자 **곤도 마코토**에 의하면, 75-85세된 노인 5,000명을 대상으로 연구한 결과, 180mmHg 이상이 가장 오래 살고, 140mmHg 이하인 사람들의 생존율이 오히려 크게 낮았다고 발표했습니다. 그는 말합니다.

"자기 연령에 110을 더한 수치, 다시 말해 60세일 경우 위 혈압 170mmHg 이상이 되어도 혈압강하제를 쓸 필

---

38) 선재광, [나는 혈압약을 믿지 않는다] p.25-28

요는 없다고 본다. 두통이나 현기증, 의식장애와 같은 자각증상이 없는 한 혈압강하제는 생명을 단축시킬 뿐이다."39)

동국대 한의과대교수, 대한한의원 **신재광** 원장은 자기 나이에 90을 더한 것이 정상혈압이라고 합니다.

정상혈압 = 자기 나이 + 90mmHg
20대 : 72-75 / 121-128mmHg
30대 : 75-79 / 124-130mmHg
40대 : 80-84 / 132-140mmHg
50대 : 80-91 / 144-150mmHg
60대 : 89-91 / 156-166mmHg
70대 : 89-91 / 165-171mmHg

이렇게 보는 것은 연령별 혈관 상태에서 보는 것처럼 나이가 들면, '인체의 혈관순환을 기존대로 유지하려는 인체의 항상성'이라고 볼 수 있습니다.40) 그렇다고 일부로 방치하는 건 곤란합니다. 혈관은 어떻게 관리하느냐에 따라서 얼마든지 어린아이들처럼 건강한 혈관을 평생 유지할 수 있습니다. 수십 년 동안 심장병 분야만을 연구해온 **에셀스틴** 박사도 장담했습니다. 그렇습니다. 지금부터라도 생활습관, 특히 식사 습관을 바꾸면 얼마든지 혈관이 청소되고 탄력이 생기며 피가 깨끗해져서 혈압이 개선될 수 있습니다.

---

39) 곤도 마코토/김윤경, [약에게 살해당하지 않는 47가지 방법] p.63-65
40) 신재광, 앞의 책 p.33

@고혈압 약의 종류와 부작용?

병원에서 처방하는 고혈압 약 이름은 제약회사마다 다르지만, 크게 3가지로 분류됩니다.

①**혈액 감소제**(이뇨제) : 각종 칼슘, 무기질도 소변과 함께 배출합니다.

②**심장활동 억제제**(베타차단) : 심장 활동을 억제시켜 혈압을 낮춥니다.

③**혈관 확장제**(칼슘통로차단제, 알파 수용체 차단제) : 말초혈관을 확장하고, 심장 박동을 약화시켜서 혈압을 낮춥니다.

우리 목 주위에는 나비넥타이 모양을 한 갑상선이 있습니다. 거기에 있는 '**부갑상선**'은 몸속에 '**칼슘**'을 적절히 분배하여 심장이나 혈관이 원활하게 연동운동을 하도록 돕습니다. 그런데 고혈압 약으로 이를 강제로 차단하거나 임의로 통제하는 일을 계속 반복한다면, 과연 우리 몸이 온전하겠습니까?

그래서 고혈압 약에는 부작용이 없을 수 없습니다. 이런 고혈압 약의 부작용은 협심증, 심근경색, 부정맥, 발기부전, 탈수, 동맥경화, 뇌경색, 통풍, 당뇨병, 변비, 신부전, 천식, 녹내장, 피로감, 우울증, 수면장애, 불면증, 두통, 현기증, 심장마비, 변비, 알레르기, 파킨슨병, 치매입니다.

그러니 병원에서 '**고혈압 약을 처방**'받았다면 2-3개월 약을 먹는 기간 내에 '**생활습관을 바꾸라는 생명의 신호**'요, 그것은 우리 몸을 만드신 분께서 우리를 위해 미리 입력해 두신 '**경고음**'입니다.

@뇌혈관병과 고혈압약?

1984부터 2004년까지 각종 혈관병 통계를 자세히 보십시오. 무언가 고개가 갸우뚱할 수밖에 없는 현상을 볼 수 있을 겁니다. 보시다 시피 뇌출혈은 현저히 줄었는데, 뇌경색은 오히려 몇 배나 더 많아졌습니다. 뇌출혈이나 뇌경색은 둘 다 흔히 중풍이라고 하는 뇌졸중의 원인입니다. 그러니까 뇌출혈을 방지하기 위해 고혈압약을 열심히 먹었는데, 오히려 그 약이 뇌경색을 일으키다니…? 게다가 치매와 파킨슨병, 신부전증도 급속도로 증가했습니다. 물론 이런

	1984	1994	2004
뇌출혈	5,420	9,928	9,911
	(88%)	(76%)	(45.6%)
뇌경색	742	3,132	11,817
	(12%)	(24%)	(54.4%)

	1984	1994	2004
심근경색	1,102	5,471	12,760
치매	46	2,051	3,451
파킨슨병	22	203	1,086
신부전증	116	167	525

[출처] 인터넷 자료

질병의 원인이 고혈압 약 때문이라고 단정하지는 않겠습니다. 그러나 고혈압 약을 계속 먹고 있으니까 이 정도는 괜찮겠지 하고 먹은, 동물성 식품이 한몫 톡톡히 했다고 볼 수 있습니다.

@고혈압 치유?

우리 몸의 피가 5,000CC정도인데 큰 혈관에 약1,000CC가 있다면, 모세혈관에는 4,000CC나 있습니다. 그런데 혈압을 측정하는 곳은 언제나 대동맥혈관이지요. 이 큰 혈관이 압력을 덜 받게 하려면, 모세혈관을 많이 확장시켜서 혈액이 모세혈관 쪽으로 분산되게 해야 합니다. 그래야 고혈압이 해소되지요.

그래서 반드시 해야 할 것이 '운동'과 '스트레칭'입니다. 운

동은 미토콘드리아를 증식시키고, 스트레칭은 모세혈관을 확장시킵니다. 물론, 스트레스 해소를 위해 속마음을 토설하고 조상 대대로 내려온 잘못된 관습과 죄를 뿌리 뽑고, 삶의 주인을 완전히 바꾸어서, 바르게 믿고 바르게 생각하고, '**현미생채식**'으로 식습관을 완전히 개선하는 일을 과감하게 추진해야 합니다.

@동물성 식품?

고혈압은 동맥경화가 주원인이고, 동맥경화를 일으키는 음식물은 동물성 식품입니다.
①동물성 식품에는 콜레스테롤이 **많습니다.**
②동물성 식품에는 중성지방이 **많습니다.**
③동물성 식품에는 섬유질이 거의 **없습니다.**

이런 식품에는 '**고기, 생선, 계란, 우유**'가 있습니다. 사람들은 '**생선**'이 몸에 좋지 않다고 하면 의아해 합니다. 분명히 말하지만, 생선도 건강에 그리 좋은 식품이 아닙니다. 그 이유는 이렇습니다.

①생선에는 기름(16%)은 적고, 단백질(82%)이 **많습니다.**
②생선에는 콜레스테롤과 중성지방이 **많습니다.**
③상한 생선의 기름을 먹기 일쑤입니다.
④생선을 먹지 않아도 혈전 형성을 억제할 수 있습니다.
⑤생선의 불포화지방산은 몸에서 만들어지는 성분입니다.[41]

---

41) 황성수, [고혈압, 약을 버리고 밥을 바꿔라] p.166, 171-174

@식물성 식품?

그렇다면 식물성 식품은 어떻습니까? 식물성 식품은 고혈압을 치유합니다. 그 이유는 식물성 식품에는 각종 비타민과 미네랄이 풍부하게 들어있기 때문입니다. 우리는 이를 최대한 자연에 가깝게 '날(生) 것'으로 먹는 것이 좋습니다.

①식물성 식품에는 콜레스테롤이 들어있지 않습니다.
②식물성 식품에는 중성지방이 적게 들어있습니다.
③식물성 식품에는 섬유질이 풍부합니다.
④식물성 식품에는 항산화 성분이 많이 들어있습니다.[42]

하나님 말씀처럼 피는 생명이 맞습니다. 그래서 동물의 피에는 동물의 생명이 흐르고, 채소의 피(엽록소)에는 채소의 생명이 있습니다. 사람의 피에는 사람의 생명이 흐르고, 예수님의 피에는 예수님의 생명이 흐릅니다. "피는 속일 수 없다."는 말이 있지요. 그 말이 꼭 맞습니다. 결국 우리가 짐승을 잡아먹으면 짐승의 생명과 함께 그 기질이 그대로 우리 몸에 들어와서

짐승 같은 짓을 할 수밖에 없게 됩니다. 더더구나 요즘 시중에서 팔고 있는 고기나 생선은 결코 안전한 것이 못됩니다. 그것을 어떻게 키우는지 그 열악한 현장에 가서 직접 보는 것도 음식물을 선택하는 데 큰 도움이 될 것입니다.

---

42) 황성수, 앞의 책, p.176-177

짐승들을 질병 없이 더 빨리 키우기 위해 쓰는 '항생제', '성장 촉진제', '각종 호르몬제', 심지어 '살충제'와 '농약'까지, 거기에다 풀을 먹는 초식동물에게 몰래 몰래 섞어서 먹이는 '동물성 사료'는 짐승들을 미치게 만듭니다. 이런 미친 고기를 거의 매일 먹고도 우리 세포가 미치지 않는 것이 기적이지요. 그래서 자기 면역세포가 미쳐서 자기 세포를 알아보지 못하고 공격하는 자가면역성 질환이 급증하고 있습니다. 또한, 세포가 돌연변이가 되면서 성장 정지 브레이크(P53; 종양억제단백질)가 고장난 흉측한 암세포가 곳곳에 생길 수밖에요.

그러니 우리는 성령님이 거하시는 성전된 우리 몸을 제대로 보존하기 위해서라도 날마다 끼니때마다 직접 텃밭에서 운동 삼아 키운 싱싱한 채소를 드십시다. 아니면 최소한 유기농으로 키운 채소를 사서라도 드십시다. 그리고 무엇보다 오직 '참된 음료인 예수님의 피'를 날마다 먹고 마시는 하나님의 사람입시다.

내 살은 참된 양식이요 내 피는 참된 음료로다(요 6:55)

@식습관 개선 효과?

고혈압은 '생활습관병'입니다. 잘못된 생활습관을 약으로 고칠 수 있습니까? 고혈압은 절대로 약으로 고칠 수 없습니다. 반드시 잘못된 식생활 습관을 바꾸어야 치유됩니다. 동물성 식품(고기, 생선, 계란, 우유)을 중지하고, 식물성 식품(현미, 채소, 과일)으로 바꾸면 반드시 치유됩니다. 대다수 사람들은 그렇게 동물성 식습관을 식물성 식습관으로 바꾸는 정도로 뭐 그리 큰 효과를 보겠나(?)하고 반신반의 합니다.

그러나 식습관을 바꾸는 효과는,

①강력합니다.

②안전합니다.

③부작용이 없습니다.

④확실합니다.

⑤경제적입니다.

⑥다른 병들도 함께 낫습니다. 곧, 비만, 당뇨병, 고지혈
증, 골다공증, 천식, 비염, 아토피, 담석증, 요로결석, 과
민성대장염, 각종 암병의 치유까지도 충분히 가능합니
다.43)

@고혈압과 소금?

요즘 각종 매스컴이 소금과 전쟁을 하는 통에, '소금 공포
증'에 걸린 사람이 많습니다. 그러니 우리 몸에는 소금이 반드
시 필요합니다. 우리가 태아 시절에 살았던 엄마 자궁의 '양수'
는 항상 0.9%이고, 병원에서 쓰는 '링거액'도 생리식염수 0.9%
입니다. 우리 몸은 항상 '채내 소금 농도'를 0.9% 대로 유지해
야 합니다. 이 '소금'은 오히려 우리 몸에서,

①중금속을 흡착하고 분해합니다.

②독성물질(환경호르몬, 방사능 물질, 유해가스)을 흡착하여 제거
합니다.

③강력한 살균제 역할을 합니다.

④혈관 청소(중금속, 칼륨)와 면역력 향상에 큰 도움이 됩니
다.

---

43) 황성수, [고혈압, 약을 버리고 밥을 바꿔라] p.157-158

그러니 지나치게 제한하지 말고, 각자 생활 리듬에 따라 적당량의 소금을 먹는 것이 좋습니다. 심한 운동을 하는 사람이나 중한 노동을 하는 사람이 소금을 적게 먹으면 큰 병을 얻을 수 있고 심지어 쇼크사할 수도 있습니다. 물론 소금을 그냥 먹기보다 발효식품인 된장이나 김치로 먹거나, 또는 양념 쌈장을 통해 먹으면 더 좋습니다. 특히, '물김치는 잘 발효된 링거액'입니다. 물론, 소금은 '정제염'이 아니라 국내산 '천일염'을 사서 한 2년 정도 묵혀서 간수를 충분히 빼고 먹는 것이 좋습니다. 참고로, '죽염'이나 '황토염'…들에는 '미네랄'과 특히 '환원력(還元力)'44) 이 풍부하다고 자랑합니다만, 그런 것이라면 오히려 싱싱한 채소나 해조류에 더 풍부합니다.

@고혈압과 생식

그리고 무엇보다 이왕 현미, 채소, 과일을 먹기로 작정했으면, 창조주께서 만드신 그대로, 즉, 생명이 살아있는 그대로 먹는 것이 더욱 더 좋습니다. 의학박사 **황성주**는 그의 책 **[생식과 건강]**에서 강조했습니다.

①생식은 최상의 생활습관병 예방치료제이다.
②생식은 생명력이 왕성한 태초의 완전천연식이다.
③인류 최고, 최상의 식사인 생식에 푹 빠져라.
④그리하면 양적으로, 질적으로 그대의 생명이 길리라.45)

---

44) 환원력(還元力)이란 우리 몸의 항상성을 정상으로 되돌리는 능력입니다. 예를 들면, 몸의 체온은 36.5도, 염도는 0.9…로 복귀시키는 힘입니다.
45) 황성주, [생식과 건강] p.24

"미래의 의사는 약을 쓰지 않을 것이다.
다만 음식으로 치유된다는 것을 가르치고,
병을 예방하도록 가르칠 것이다"
-Thomas Edison-

@고혈압을 완치한 사람들

①고혈압은 물론 체중도 8Kg이나 줄어들었다

12년째 고혈압 약을 먹어왔다. 약을 꾸준히 먹으면 괜찮아질 거라는 생각으로 하루도 거르지 않았다. 그러나 혈압이 잡히기는커녕 하나씩 먹던 약이 3종류로 늘어났다. 그러다가 황성수 박사를 알게 되어 반신반의 하면서 현미밥채식 치료를 시작했다. 입원 후 서서히 약을 1종류씩 줄여나갔다. 지금은 약을 완전히 끊었고, 몸무게도 8Kg이나 빠졌다. 지금껏 음식을 얼마나 함부로 먹어왔던가 하는 반성과 함께 몸을 아끼고 사랑해야겠다고 다짐을 하게 되었다. _ **인천에서 장분녀 님**

②입을 즐겁게 하던 음식이 몸을 망치고 있었다

15년 정도 고혈압 약을 먹다가 뜻하지 않게 뇌경색 진단을 받고나니 몸도 마음도 무척 힘들었다. 자식들의 권유로 황성수 박사를 만난 뒤, 고혈압 약을 끊고 현미밥채식으로 바꾸는 치료를 시작했다. 꾸준히 식사를 바꾼 지금은 몸무게는 15Kg 정도가 빠졌고, 혈압은 정상이다. 예전에 즐겨 먹던 음식이 몸을 망치고 있었다는 깨달음을 얻게 되었고, 고기, 커피, 짠 것, 술을 절대로 먹지 않는다. _ **구미에서 박성문 님**

③중성지방이 정상이 되고 호르몬 약도 끊게 되었다

고혈압으로 돌아가신 아버지의 식성을 닮아서 어릴 적부

터 육식이나 해산물을 즐겼다. 체중도 과체중이었다. 호르몬 약과 고혈압 약을 10년 이상 복용하면서 유방에 물혹이 생기고 간 기능 수치도 좋지 않았다. 우연한 기회에 황성수 박사를 만나서 현미밥채식을 시작했고, 이후 5주 만에 중성지방수치가 190에서 90으로 떨어졌다. 이제는 고혈압약과 호르몬 약도 끊고 간 기능 수치도 정상으로 돌아왔다. 날씬해지고 피부도 좋아지고 몸도 가벼워졌다. _ **안동에서 박인숙 님**

④당뇨병과 고혈압이 한꺼번에 사라졌다

당뇨병과 고혈압이 오랫동안 나를 괴롭혔다. 약을 먹기 시작한지 10년이 되었고, 3년 전부터는 인슐린 펌프를 몸에 달았다. 펌프를 단 후 괜찮던 혈당이 어느 순간 문제를 일으켰다. 혈당이 악화됨에 따라 인슐린 투여량이 늘어나자, 몸이 붓고 죽음의 공포에 휩싸였다. 살 길을 찾아 황성수 박사를 만나서 식사를 현미밥채식으로 바꾸고 약을 줄여나갔다. 성실히 치료한 결과, 이제는 고혈압 약을 완전히 끊고 인슐린도 맞지 않는다. 살이 쪄서 걱정이 많았는데, 찌기만 하던 살이 빠진 것도 무척 기쁘다. _ **서울에서 임화목 님**[46]

자, 이제 안심하고 도전하십시다.
언제나 선택은 내 몫입니다.
육식(肉食)과 화식(火食)을 과감히 버리십시다.
채식(菜食)과 생식(生食)을 선택하십시다.
운동 삼아 꾸준히 텃밭을 가꾸십시다.
마음속에 계신 주인님과 눈 맞추십시다.
주인님과 동행하는 삶을 누리십시다.
예수님의 살과 피를 먹고 마십시다.

---

46) 황성수, 앞의 책, p.3-9

그리하면, 몇 날이 못 되어서, 늦어도 한두 달 안에
고혈압은 반드시 완치됩니다. 샬롬!!

[개정] 내가 네 곁으로 지나갈 때에 네가 피투성이가 되
어 발짓하는 것을 보고 네게 이르기를 **너는 피투성이라
도 살아 있으라** 다시 이르기를 **너는 피투성이라도 살아
있으라**(겔 16:6)

항상 기뻐하라 쉬지 말고 기도하라 범사에 감사하라
이것이 그리스도 예수 안에서 너희를 향하신
하나님의 뜻이니라(살전 5:16-18)

R : Rejoice 기뻐하라!
P : pray 기도하라!
T : Thanks 감사하라!

제 5 장
고지방 & 식용유

너희는 기름과 피를 먹지 말라 이는 너희의 모든 처소에서
너희 대대로 지킬 영원한 규례니라(레위기 3:17)

제 5 장 : 고지방 & 식용유

[명령] 너희는 기름과 피를 먹지 말라 이는 너희의 모든 처소에서 너희 대대로 지킬 영원한 규례니라(레위기 3:17)
[NIV] This is a lasting ordinance for the generations to come, wherever you live : You must not eat any fat or any blood.
[현대어] 너희는 기름 덩어리와 피는 먹지 말아라. 이 규정은 너희가 어디에서 살든지 대대로 꼭 지켜야한다
[공동] 너희는 어디에 살든지 대대로 영원히 이 규정을 지켜야 한다. 기름기나 피는 결코 먹지 마라.

노아 홍수 이후에 고기를 허락하신 하나님께서 "**기름과 피를 절대로 먹지 말라**(You must never eat any fat or blood.)"고 하셨습니다. 이는 어디에서 살든지 대대로 꼭 지켜야 할 영원한 규례라고까지 하셨지요. 심지어 그 기름은 사람의 음식이 아니라 반드시 하나님께 태워 바쳐야할 '**하나님의 음식**'이라고까지 말씀하십니다.

그는 그 화목제의 제물 중에서 여호와께 화제를 드릴지니 그 기름 곧 미골에서 벤 기름진 꼬리와 내장에 덮인 기름과 내장에 붙은 모든 기름과 두 콩팥과 그 위의 기름 곧 허리쪽에 있는 것과 간에 덮인 꺼풀을 콩팥과 함께 떼어낼 것이요 제사장은 그것을 제단 위에서 불사를지니 이는 화제로 여호와께 드리는 음식이니라(a food offering to the LORD)(레 3:9-16)

왜, 입니까? 기름이 얼마나 고소한데 못 먹게 하셨을까요. 옛날 가난한 시절에 어쩌다가 생선이 생기면 살코기는 자녀들에게 주고 머리와 꼬리를 먹으면서 "난 이게 더 좋아!" 하시던 엄마가 생각납니다. 그렇습니다. 자녀들이 먹으면 각종 질병에 걸릴 것을 훤히 알고 계신 창조주께서 살코기는 너희들끼리 나누어 먹고, 먹어서는 안 되는 각종 기름은 태워서 하나님의 음식으로 드리라는 것이니, 이야말로 고귀한 사랑의 전형이지요. 동물성 기름, 트랜스지방, 그리고 저밀도 콜레스테롤(LDL)이 혈관벽에 쌓여서 혈관이 막히는 동맥경화로 인해 고혈압이 생기고, 결국 심근경색, 뇌경색…들이 생깁니다.

@동물성 식품, 과연 먹을 만 한 건가?

기름 특히, 동물성 기름은 다분히 동물성 단백질과 함께 있습니다. 그래서 창조주께서는 육지와 바다에 사는 동물들 중에서 **"먹을 만한 생물"**과 그렇지 않은 것을 제한하셨습니다. 이런 말씀도 당시 사람들은 왜 그렇게 해야 하는 지도 모르고 그냥 하나님 말씀, 특히 율법이니 지켜야 한다고만 생각했지요. 그런데 알고 보니, 그것도 자식을 향한 **'어버이의 조건 없는 사랑'**이었습니다.

> 이스라엘 자손에게 말하여 이르라 육지의 모든 짐승 중 너희가 먹을 만한 생물(you may eat any animal)은 이러하니 모든 짐승 중 굽이 갈라져 쪽발이 되고 새김질하는 것은 너희가 먹되(레위기 11:2-3)

> 물에 있는 모든 것 중에서 너희가 먹을 만한 것(what you may eat from all that is in the water)은 이것이니 강과

바다와 다른 물에 있는 모든 것 중에서 지느러미와 비늘 있는 것은 너희가 먹되(레위기 11:9)

@삼겹살과 마블링의 음모?

지방 함량이 30%에 달하는 '**고기 아닌 고기가 돼지 삼겹살**'이지요. 지구 땅에서 이 삼겹살을 가장 좋아하는 나라가 우리나라입니다. 우리는 어떡하다 이처럼 삼겹살을 좋아하게 되었을까요. 거기에는 가난한 조국의 슬픈 역사가 고스란히 스며있습니다. 일본은 일찍이 토양과 수질 오염을 염려하여 돼지를 키우지 못하게 했습니다. 그래서 그들은 한국에서 돼지 살코기(안심, 등심…)만 수입해 갔지요. 그래서 한국에 남겨진 것은 돼지 뱃살, 바로 삼겹살이었지요. 이 삼겹살을 처리하기 위해 처음에는 광산촌이나 건설현장, 재래시장을 중심으로 아주 헐값에 팔기 시작하여 차츰 우리 입맛을 버려 놓은 '**최악의 음식**'이 되었습니다. 그래서 지금은 어떻습니까? 자신은 날씬하기를 원하면서, 돼지는 삼겹살로 빵빵한 돼지를 최고품으로 치게 되었습니다. 축산업자들은 어떡하면 삼겹살을 더 많이 찌우게 할까 혈안이 되어 갖은 방법을 다 동원하여 돼지를 키우고 있습니다.[47]

돼지의 임신 기간은 11 4일 정도이고, 씨암돼지 한 마리가 낳는 새끼는 보통 '**1년에 6마리**' 정도입니다. 그러나 현대식 양돈업은 한 배를 낳고 2주 만에, 또는 단

[출처] MBC시사메거진2580

---

47) 전주MBC [검은 삼겹살]

2시간 만에 **"피그 마마"**를 이용하여 새끼를 떼고, 호르몬주사(X LP-30)를 놓아서 다시 새끼를 배게 하여 '**1년에 45마리**'까지 낳게 합니다. 말하자면 업자들은 암퇘지더러 창조주께서 본디 설계해준 것보다 무려 7배가 넘는 새끼를 낳도록 강요합니다.48)

  수퇘지가 태어나면 돼지 불알을 그냥 손으로 잡아 뜯어버리기도 합니다. 돼지는 사실 깨끗한 곳을 좋아하는 동물입니다. 그런 돼지를 60Cm X 2m 밖에 안 되는 좁디좁은 열악한 공장에 가두고, 유전자를 조작한 콩, 옥수수 사료는 물론 항생제, 성장촉진제로 가득한 최악의 사료를 먹입니다. 그것으로도 삼겹살 공급이 모자라서 세계 곳곳을 다니며 그들이 공업용 기름이나 가축 사료로 쓰는 삼겹살을 웃돈주고 수입해오는 '**눈먼 고기**'이지요.

  쇠고기는 어떻습니까? 고기 육질 속의 기름, '**마블링**(근내 지방)'은 초식을 하는 동물에는 적고, 곡물을 먹는 동물에 많습니다. 마블링을 많이 키우기 위해 소가 고개조차 제대로 돌리지 못하

[출처] MBC시사매거진2580

게 바짝 묶어서 마냥 곡물 사료만 먹게 만드니, 소가 미치지 않는 게 이상한 일이지요. 호주를 비롯한 외국에서는 이렇게 마블링이 가득한 고기는 최하 등급인데, 우리나라에서는 근내 지방이 20%가 넘는 부위가 '**최고 등급**(A++)'입니다. 그래서 호주의 청정구역에서 풀을 먹고 자란 소를 우리나라에 수출할 때는 우리에 가두고 3-6개월간 곡물을 강제로 먹여서 마블링이 근육

---

48) 존 로빈스/이무열, [육식-1] p.140, 145

에 잔뜩 생기게 해서야 출하합니다.49)

@먹이사슬과 살충제?

30년 전만 해도 '6년'에 걸쳐서 생산하던 살충제 분량이 요즘에는 13,000배 빠르게 '2시간'이면 생산해 냅니다. 오늘날 가장 널리 사용되는 살충제, 말라티온과 파라티온은 신경가스 계통에 속하는 것입니다. 지구 땅은 오염이 날로 심각하여 남극의 펭귄이나 바다표범은 물론이고, 심지어 미국 켈리포니아주 시에라네바다 산맥의 외진 고지에 서식하는 개구리 몸에서까지도 농약이 검출되고 있습니다.50)

레이첼 카슨은 자신의 책 [**침묵의 봄**]에서 새들의 지저귐이 세상에서 사라지기 시작하는 상황을 떠올렸습니다. 모든 동물 가운데 새들이 가장 먼저 사라지는 이유는 그들이 '**먹이사슬**'의 정점에 있는 포식자여서 화학약품 성분을 많이 섭취하게 되기 때문입니다. 다 알다시피 살충제는 그것을 섭취한 생물에게만 해를 끼치는 것이 아닙니다. 그것은 그것을 먹거나 접촉한 생물의 조직에 잔류해 있다가 그 생물이 다른 큰 생물에게 먹히면 그 다른 생물의 체내에서는 '**더 농축된 상태**'로 남습니다. 이런 과정을 거치면서 살충제는 연쇄적으로 먹이 사슬의 사다리를 따라 위로 올라가게 되는 것입니다.

흙 속에 사는 벌레는 자신이 직접 먹었거나 피부를 통해 스며든 살충제 모두를 자신의 체조직에 저장하고 그 벌레를 먹은 새는 자신이 먹은 몇 만 마리의 벌레가 먹고 접촉하여 축적

---

49) MBC방송 [육식의 반란]
50) [육식-2] p.184,193

한 모든 살충제를 흡수하게 됩니다. 이 때문에 먹이사슬을 따라 올라갈수록 체내에 축적되는 유독성 화학물질의 양은 엄청나게 증가합니다. 마찬가지 방식으로 큰 물고기, 소나 닭, 돼지 역시 자신들이 여태껏 소비하거나 흡수한 모든 살충제를 체내에 보유하고 있을 터인데, 이 먹이사슬의 제일 꼭대기에 자리 잡고 앉아 있는 인간은 어떻게 되랴! 그 인간들은 이 위치에서 고기, 생선, 계란, 우유를 거의 가리지 않고 먹고 있으니…

"동물성 식품은 …… 식품에 남아 있는 살충제의 주요 공급원이다."

미국인 식단에 잔류하는 모든 유독성 화학물질의 95~99%는 육류와 생선, 유제품 및 계란에서 온 것입니다. 여러분이 식사를 통해 살충제를 먹고 싶다면 여러분이 먹을 음식은 바로 이것들입니다. 하지만 우리는 먹이사슬의 단계를 낮춤으로써, 즉 동물성 식품을 멀리함으로써 이런 독극물의 섭취를 현저하게 낮출 수 있습니다.[51]

다이옥신 :

'디디티(DDT)'는 가장 잘 알려진 화학약품이지만, 안타깝게도 우리 주변에는 이보다 더 독성이 강한 맹독성 화학물질이 수두룩합니다. '에이전트 오렌지(고엽제)'는 미공군이 베트남전 중에 베트남 정글과 농장에 살포한 화학물질입니다. 그때 참전한 용사들은 그 약품을 가지고 장난을 치기도 했습니다. 그런데 그 고엽제에 노출된 사람들은 심한 고통을 당하고 있고, 심지어 자신들의 2세가 **'선천적 기형아'**로 태어나는 비율이 대단히 높다는 걸 알고는 무척 당황하고 있습니다.

---

51) 앞의 책, p.186-188

그런데 바로 이 고엽제의 2,4-CD와 2,4,5-T는 지금 이 순간에도 '가축사료'를 경작하는 땅에 뿌려지고 있습니다. 이 중에서 2,4,5-T는 '다이옥신'을 함유하고 있습니다. '미국 환경보호청'에 의하면, "이 다이옥신은 지금까지 인류에게 알려진 화학물 가운데 가장 독성이 강하다."고 합니다. 다이옥신은 동물 실험에서 1조분의 1만큼의 분량을 주사한 경우에도 암과 선천성 기형, 유산과 사망을 초래하였습니다. 그러니까 다이옥신 한 방울이면 1,000명을 죽일 수 있습니다. 이 때문에 살충제 전문가 **루이스 리겐스타인**은 경고합니다.52)

"소고기를 먹는 것은 몇 년 동안 축적된 다이옥신 농축액을 먹는 것일 수 있다"

@닭의 천국?

한국육계협회에 따르면 2017년 한해에 국내에서 도축된 닭은 '9억3600만' 마리였습니다. 인구 5000만 명이 이 닭을 소비했다고 가정하면 1인당 연간 약 20마리씩 먹은 셈입니다. 그런데 이 닭고기와 계란은 어떻습니까? 여러분 근교에 있는 닭 공장을 꼭 한번 가 보시기 바랍니다. 병아리가 태어나면 제일 먼저 하는 것이 선별작업입니다. 육계도 될 수 없고, 달걀을 생산하지 못하는 '수평아리'는 어떻게 됩니까? 옛날에는 초등학교

매년 수백만 마리의 수컷 병아리가
이렇게 죽어갑니다

[출처]인터넷자료 ; 달걀은 고통

---

52) 앞의 책, p.193-198

앞에서 수평아리를 팔기도 했습니다. 요즘은 그 어린 새들은 독가스에 질식당하거나 산채로 무지막지한 분쇄기에 짓이겨집니다.

겨우 목숨을 건진 '**암평아리**'의 삶은 어떻습니까? 불과 하루만에 서로 쪼지 않게 하기 위해 부리를 기계톱으로 잘라버리고, 철망을 움켜잡고 옆에 있는 닭을 상처내지 않도록 친절하게 발톱을 모두 뽑아버립니다. 그러고는 가로 세로 30Cm 크기의 닭장 안에, 5 마리까지도 쑤셔넣어진 채 평생 갇혀서 날갯짓도 한번 못해보고, 햇빛 한번 보지 못하고, 밤낮없이 켜놓은 전깃불 밑에서 '**알 낳는 기계**'로 전락됩니다. 원래 닭들은 조금만 신경에 거슬려도 야단법석을 떨고, 정신이 완전히 나간 것 같은 행동들을 보입니다. 그래서 수많은 닭들이 '**닭 정신병**'에 걸리고 질식사합니다.53) 닭은 원래 1년에 80-100개 정도의 알을 낳습니다. 그런데 요즘은 화학주사로 강제 수정시켜서 1년에 300개 이상의 알을 낳다가 알을 낳지 못하면 '**폐계**(廢鷄)'로 길거리에서 통닭구이로 팔리거나 믹서기계에 갈려서 짐승사료가 되는 것으로 고달픈 생을 마감합니다.
계란은 닭의 피눈물……!

'**육계**(肉鷄)'는 어떻습니까? 수천 수 만 마리를 동시에 키우다보니, 질병이 창궐할 수밖에요. 그래서 항생제, 살충제, 성장촉진제로 범벅된 사료를 먹이고, 뼈가 약해지고, 힘줄이 이완되고, 목이 뒤틀린 이 불쌍한 새들은 병으로 만신창이가 됩니다. 그래서 출하 시기도 최대한 앞당깁니다. 미국정부보고서에 따르면, 전국의 대다수 양계장에 있는 닭들의 90% 이상이 '**닭암**(레우코시스)'에 걸려 있습니다. 미국노동국은 닭가공산업을 모든 업

---

53) 존 로빈스, 앞의 책, p.98-101

종 중에서 가장 위험한 업종의 하나로 등재했습니다.54)

최근에는 닭의 유전자
를 조작하여, 날개가 자라는
속도보다 더 빨리 몸집이
급성장하여 일명 **'팝콘치킨'**
이라 불리는 맨 살을 들어
낸 어린 새들의 모습은 눈

[출처] MBC 육식의 반란-3

뜨고 볼 수 없을 정도입니다. 닭의 원래 수명이 얼마인지 아십
니까? 20년 정도입니다. 그런데 우리나라에서는 질병확산이 우
려 되어 단지 **'45일 만에 영계'**라는 이름으로 출하합니다. 그것
도 병아리를 공급하는 대형 회사에서는 농가에서 **'무게**(Kg) **단
위'**로 사와서, 정작 소비자에게 팔 때는 **'마리 수'**로 팔아서 역
시 막대한 이문을 남기고 있는 실정입니다.

이제 이쯤에서 여러분께서 직접 조사해보시기 바랍니다.
과연 우리가 먹고 있는 프라이드 치킨은 도대체 며칠 만에
튀김 기름을 갈고 있을까요?
또 하나 그들은 무슨 기름을 쓰고 있으며, 그 기름은 과연
불에 가열하여도 괜찮을까요?

@삼계탕의 진실?

여름이 되면 복날이라고 보양식으로 **'삼계탕**(蔘鷄湯)**'**을 먹습
니다. 가장은 아내와 아이들을 데리고 소문난 한방 삼계탕 집으
로 차를 돌리며 가장의 본분을 찾은 것 같아 가슴이 뿌듯해집

---

54) 앞의 책, p.108-109

니다. 주부는 아이들과 남편의 건강을 위해 마트에서 유명 닭 공장의 닭을 사고 거기에다 인삼, 찹쌀, 밤, 대추를 넣고 푹 끓여서 밥상에 올리면서 현모양처가 된 기분을 느낍니다. 아내와 아이들을 위해서 한번 쏜 것뿐인데, 남편과 아이들의 건강을 위해 애쓴 보람도 없이 결국 '**항생제, 살균제, 성장촉진제, 농약탕**'을 잘 먹고 오게 된 것을 누가 알겠는가? 삼계탕용으로 나오는 닭은 유전자(DNA)를 조작한 '**팝콘치킨**' 알에서 깨어난 병아리를 항생제가 섞인 모이를 먹이며, 성장촉진제인 에스트로겐이라는 합성 여성 호르몬을 먹여서 겨우 4주간 키운 비린내 나는 병아리입니다. 인삼은 어떻습니까? 차광막을 치고 음지에서 자라므로 살균제를 거의 매일 치다시피 합니다. 5년근 인삼은 5년간 농약이 축적된 것입니다.[55]

우리는 하나님의 자녀입니다.
우리를 가리켜서 성도라고 하지요.
성도(聖徒), 무슨 말입니까?
'구별된 무리'라는 뜻이지요.
누구처럼요?
예, '**성부**(聖父)', '**성자**(聖子)', '**성령**(聖靈)' 하나님처럼, **성**(聖 ; Saint)자가 붙어 있는 구별된 사람이라는 뜻이지요. 그래서 믿는 신(神)도 구별되고, 생각하는 것(思)도 구별되고, 당연히 먹는 것(食)도 구별해야 마땅하지 않겠습니까? 그래서 술과 담배를 금하고 있지요. 이제 좀 더 구별해야 할 때가 되었습니다.

나는 여호와 너희의 하나님이라 내가 거룩하니 <u>너희도 몸을 구별(성별)하여 거룩하게 하고(You shall consecrate yourselves)</u> 땅에 기는 길짐승으로 말미암아 스스로 더럽히지

---

55) 이태근, [밥상 혁명을 일으켜라] p.28-30

말라(레 11:44)

나는 너희의 하나님이 되려고 너희를 애굽 땅에서 인도하여 낸 여호와라 내가 거룩하니 너희도 거룩할지어다(You shall be holy, for I am holy.)(레 11:45)

그러므로 만일 음식이 내 형제를 실족하게 한다면 나는 영원히 고기를 먹지 아니하여 내 형제를 실족하지 않게 하리라(고전 8:13)

음식으로 말미암아 하나님의 사업을 무너지게 하지 말라(Do not, for the sake of food, destroy the work of God.) 만물이 다 깨끗하되 거리낌으로 먹는 사람에게는 악한 것이라(롬 14:20)

고기도 먹지 아니하고 포도주도 마시지 아니하고 무엇이든지 네 형제로 거리끼게 하는 일을 아니함이 아름다우니라(롬 14:21)

@기름 종류?

기름은 크게 세 가지가 있습니다. 식물성 지방, 동물성 지방, 트랜스 지방입니다.

①**식물성 기름**은 주로 불포화 지방인데, 이는 상온에서 액체상태의 기름을 말합니다.

②**동물성 기름**은 주로 포화지방인데, 이는 우리 몸의 온도에서 반고체 상태가 되는 기름입니다.

③**트랜스 지방**은 액체 상태의 식물성 지방을 운반하기 편

리하게 수소를 넣어서 고체 상태로 변형시킨 기름입니다.

@오메가6 : 오메가3

우리 몸의 모든 '**세포막**(Membrane)'은 오메가6와 오메가3로 이루어져 있습니다. '**오메가6**'는 리놀레산, 아라키돈산이라고도 하며, 이는 기생충을 제거하고, 세균 감염을 막고, 혈액 응고제 역할을 합니다. 그러나 지나치고 과다하면 뇌졸중, 급성심근경색, 아토피, 알레르기, 염증의 원인 물질이 됩니다. 오메가6가 많은 식품은 콩, 옥수수, 카놀라유(유채), 참기름…들입니다.

'**오메가3**'는 알파리놀렌산이라고 하는데, 여기에는 오메가6 과다로 인한 염증반응을 완화시키고, 당뇨병, 동맥경화, 건망증, 치주염을 개선하고, 치매, 뇌경색 예방하고 치유하며, 심장병, 폐혈증 개선하며, 심한 타박상, 류마티스 관절염을 회복시키며, 손상된 뇌세포 개선하며, 피부 가려움증, 각질, 동맥경화, 고혈압, 골다공증, 안구건조증을 해소하고, 불면증, 우울증, 조울증을 호전시키는 기능이 있습니다. 이런 오메가3가 많은 식품에는 들기름, 아마인유, 어유, 해조류…들이 있습니다. 오메가3가 부족하면, 건조 피부, 비듬, 피부 각질, 여드름, 손톱 반점, 대상포진, 손끝, 발뒤꿈치 갈라짐, 욕창, 탈모, 피부 가려움, 알레르기, 심한 갈증, 빈뇨, 햇빛 알레르기가 생깁니다.

그런데 문제는 오메가6와 오메가3의 '**불균형**'입니다. 우리 몸의 세포막은 오메가6와 오메가3의 비율이 4:1입니다. 특히 뇌신경세포막은 1:1로 균형을 맞추고 있습니다. 이렇게 세포막을 이루고 있는 오메가6와 오메가3는 무슨 일을 합니까? 이들은 세포 속으로 필요한 물질이 들어가고 나오는 통로 역할을 합니다. 그런데 오메가3는 활발하고 빠른 반면에, 오메가6는 느릿느릿 움직입니다. 그러니까 오메가6가 지나치게 많으면 아무래도 전달 물질이 더디 움직일 수밖에 없게 되겠지요. 특히 뇌에는 치명타가 아닐 수 없습니다.

그런데 미국의 전문가의 의하면, 미국의 슈퍼마켓에서 산 계란은 오메가6와 오메가3 비율이 20:1이나 된답니다. 실제 자연산은 1:1인데 말이지요. 우리나라는 어떨까요. 시중에서 팔고 있는 계란의 오메가6와 오메가3의 비율은 자그마치 60:1이나 됩니다. 왜 이런 일이 생길까요. 원래 닭은 넓은 공간에서 싱싱한 풀과 곡물과 벌레를 잡아먹고 사는 데, A4용지 하나 크기 정도의 닭장에 갇혀서 곡물 특히, 오메가6와 오메가3비율이 60:1이나 되는 곡물, 그것도 유전자가 조작된 옥수수 사료를 주로 먹고서 밤낮없이 알을 낳고 있으니 그럴 수밖에요.

내친김에 쇠고기까지 볼까요. 초원에서 풀을 먹는 소는 오메가6와 오메가3 비율이 4:1입니다. 그런데 한국의 식육점에서 사온 쇠고기는 그 비율이 108:1이나 되었습니다. SBS에서 우리 젊은이들의 체내 지방산 비율을 조사해 보았습니다. 정상체중인 사람은 오메가6와 오메가3 비율이 11:1이었고, 과체중인 사람은 50:1, 고도비만인 사람은 92:1 ～ 125:1로 매우 높게 나왔답니다.[56]

@식용유 추출 과정?

시골 방앗간에서 참기름과 들기름을 짜는 모습을 본적이

---

56) SBS 스페셜 자료

있습니까? 거기서는 기름을 살짝 볶아서 '압착'하여 짭니다. 그런데 이렇게 압착하여 짜면, 그리 많은 기름이 나오지 않기 때문에, 식품회사에서는 다른 방법으로 '추출'합니다. 그 방법은 먼저 콩, 옥수수, 유채를 곱게 갈아서, 그 분말을 석유에서 추출한 '헥산(hexane)' 탱크에 담급니다. 이 헥산은 말초신경증을 일으키고, 두뇌와 간 기능에 악영향을 미치는 화학물질이지요. 이렇게 추출한 기름에 섞어있는 용제(헥산)를 분리하기 위해 여과하고, 남은 불순물을 제거하게 위해 인산염을 넣은 후 가성소다로 중화시킵니다. 여기에 물을 부어 세척하고 표백제를 넣은 후 재차 여과합니다. 마지막으로 230-250도 이상의 고온에서 탈취 작업을 행합니다.

여기서 주목해야 할 대목은 '석유계 유독성 용제를 이용하여 추출한다는 점, 알카리 중화가 필요하다는 점, 탈색을 하고 여과를 한다는 점, 그리고 고온에서 탈취공정을 거친다는 점'입니다.57) 이렇게 기름을 고온으로 가열하면 '하이드록시노네날'이라는 신경독이 발생합니다. 게다가 불순물을 제거하기 위해 기름을 고온에서 정제하는 동안 '트렌스지방산'도 발생합니다. 동맥경화, 알츠하이머병, 뇌경색, 뇌졸중의 주된 원인도 잘못된 식용유 때문입니다. 시중에서 주로 판매되는 콩기름, 옥수수기름, 카놀라유(유채)가 바로 이렇게 추출된 식용유입니다.58)

---

57) 안병수, [과자, 달콤한 유혹] p.181
58) 야마시마 데쓰모리/김정환, [식용유가 뇌를 죽인다] p. 17-18

@공포의 트랜스지방?

'**트랜스지방**'은 식물성 기름을 보관과 운반이 편리하고, 바삭 바삭하는 효과를 내기 위해 '**수소**(H)'를 가미하고, 열을 가하여서 상온에 녹지 않도록 변질시킨 기름을 말합니다. 그러니까 이런

[출처] MBN 엄지의 제왕

기름이 몸속에 들어가면 혈관 속에서도 녹지 않고 굳은 상태로 있기 때문에 전문가들은 동물성기름보다 해롭고, 심지어 담배보다 중금속보다도 더 해로운 '**중독지방**'이라고까지 말합니다. 수소가 첨가된 지방의 분자를 현미경으로 관찰하면, 프라스틱 분자구조와 조금도 다르지 않습니다. 미국에서 자연식품 컨설턴트로 활약하는 '**프리드 로**'는 마가린 덩어리를 2년 동안 실온에서 방치하며 살폈으나, 벌레 한 마리 접근하지 않았고, 곰팡이조차 슬지 않았다고 주장 했습니다. 그래서 트랜스지방은 [**프라스틱 지방**]이라고까지 말합니다.59)

이런 트랜스지방은 세포막에 달라붙어 세포가 충분한 양의 산소, 포도당, 그리고 물을 흡수하지 못하도록 방해합니다. 그러면 산소와 수분이 부족한 세포가 손상을 입고 악성 세포로 바뀝니다. 대부분 동물성 단백질 식품이 조리 과정에서 지방이 고온에 노출되고, 튀긴 닭이나 생선 튀김처럼 지방이 더 추가됩니다. 이런 여러 가지 식품을 함께 먹거나 지속적으로 섭취하면 암 발병의 위험이 크게 증가합니다. 여기서 중요한 건 농축된

---

59) 안병수, 앞의 책 p.193

단백질 식품과 정제된 지방이, 세포 속으로 산소가 들어가지 못하도록 방해한다는 사실입니다.60) 이런 트랜스지방이 많은 식품은 샐러드 드레싱, 마가린, 쇼트닝, 팜유(야자기름), 크림치즈, 케이크, 빵, 쿠키, 크래커, 캔디, 튀김류, 스넥 음식들입니다. 시중에서 판매되고 있는 식용유 중에는 약 13% 정도가 들어 있고, 빵, 과자, 프랜치 프라이 등에는 무려 38% 정도의 트랜스형 지방산이 들어있습니다.

@올리브유의 진실

최근에 신문과 방송이 떠들기 시작하면서, 갑자기 '지중해식 다이어트'가 눈길을 끌고 있습니다. 프랑스의 **미첼 드 로게일** 박사가 심장미비에 걸렸다가 살아남은 605명을 반으로 나누어 A그룹 302명에게는 올리브유를 중심으로 하는 과일, 채소, 생선, 닭고기와 계란을 먹게 했습니다. 또 다른 B그룹 303명에게는 특별한 음식의 제한을 두지 않았습니다. 1년이 지난 후에 지중해 스타일 다이어트를 따른 A그룹 사람들이 B그룹보다 결과가 훨씬 더 좋다고 발표했습니다. 그래서 지중해식 다이어트가 많은 사람들의 주목을 끌고 지지자들이 열광 하는 건 그리 놀랄 만한 일이 아닙니다.

그러나 진실만이 오래가는 법입니다. 단언하건데 모든 지방(기름)은 몸에 좋지 않습니다. 특히 심장에 좋지 않습니다. 올리브유의 14-17%는 소고기 돼지고기에 있는 포화지방과 똑같이 심장병을 유발시키고 악화시키는 포화지방이 있습니다. 포화 지방이 아주 높은 식사와 비교하더라도 이러한 식사는 결코 질병

---

60) 안드레이스 모리츠/정진근 [암은 병이 아니다] p.115

을 치료할 수 없습니다. 다만 서서히 진행시킬 뿐입니다. 실험 시작 후 4년이 지나 끝날 때 쯤, 지중해식 다이어트를 했던 대상자 중에서 25%(4명 중 1명)가 사망했거나 새로운 심장혈관질환에 걸리고 말았습니다.61)

@관상동맥 환자 실험

미국 최고의 심장병 의사 **K. 에셀스틴**의 책 [**당신이 몰랐던 지방의 진실**]에서 한 말입니다.

"나의 설득에 24명의 중증 관상동맥 환자가 채식으로 병을 치료하기로 동의했습니다. 나는 그들에게 어떤 기름, 고기, 생선, 계란, 유제품도 금했지요. 그들은 그렇게 먹는 것을 몹시 두려워했기에 자주 만나서 그들을 격려했습니다. 그럼에도 결국 6명이 탈락하고 18명이 12년 동안 진행된 이 실험을 완주했습니다."

무슨 말입니까? 18명의 중증관상동맥 환자가 12년 이상 지금도 살고 있다는 얘기입니다. 그는 채식을 먹게 하고 매 주마다 관상동맥의 변화를 관찰했는데, 혈관 상태가 놀라울 정도로 좋아졌습니다.62)

조 크로우는 40대 의사이며, 금연하고, 규칙적인 운동을 하고, 총콜레스테롤 156mg/dL이며, 생활습관도 건전합니다. 그런데 그는 심장마비를 경험했습니다. 그래서 그는 에셀스틴을 찾

61) 앞의 책, p.144-145
62) 콜드웰 에셀스틴/강신원, [당신이 몰랐던 지방의 진실] p.43, 102

아왔습니다. 나는 그에게 모든 약봉지를 버리고, 기름을 절대로 먹지 말도록 금지하고, 곡식, 채소, 과일식을 하라고 강권했습니다. 그는 나의 처방을 성실히 이행했고, 2년 후 재검에서 완치 판정을 받았습니다.63)

에셀스틴이 이렇게까지 심장병 치유의 방법을 찾아서 올인하게 된 것은 의사였던 그의 아버지와 장인이 50대에 심장병으로 죽는 모습을 보고, 그 원인을 찾기 위해 연구에 매진하여 얻은 놀라운 성과입니다. 그래서 그는 돈을 잘 버는 수술 의사, 곧 '**최고의사**'를 버리고 돈 안 되는 '**채식의사**'로 방향을 틀어서, 음식습관을 근본적으로 바꾸지 않으면 안 된다고 확성기를 들고 30년 동안 길거리를 떠돌며 외치고 있습니다.64) 그는 말하고 있습니다.

"나는 지난 30년간 이 분야를 연구해왔다. 단 한 알의 약도 사용하지 않고, 값비싼 의료시술도 전혀 사용하지 않고 치유할 수 있다. 핵심은 유전자도 체질도 아니다. 음식을 채식으로 바꾸는 것이다!!"65)

@채식 & 혈관

음식습관을 바꾸면 근본적인 변화가 일어납니다. 1996년 심장근육이 심하게 상해서 거의 괴사된 환자에게 '채식을 처방'하여 회복시킨 경험이 있었습니다. 나는 이 환자를 치료하기 전에 심장을 단층 촬영해 두었습니다(위쪽 그림). 채식을 한 지 10

63) 앞의 책, p.21
64) 앞의 책, p.75
65) 앞의 책, p.19, 66

일이 지난 후의 결과는 놀라웠습니다. 환자의 콜레스테롤 수치가 248mg/dL에서 무려 137까지 떨어졌습니다. 3주 후에 심장을 다시 단층 촬영해 보았더니 실험 전에 괴사되었던 심장근육 주변에 아름답게 피가 흐르는 것을 발견했습니다(아래쪽 그림). 생활 습관, 그 중에도 음식을 완전히 바꾼 결과는 이처럼 놀랍습

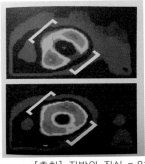

[출처] 지방의 진실 p.81

니다. 누구든지 채식중심의 식사를 하면 혈관 내피를 신속하게 복구시켜서, 결국에는 강물이 거침없이 흐르는 듯 하는 매끄러운 혈관을 갖게 된다는 말입니다.66)

국가공인기관인 미국심장협회, 미국콜레스테롤 교육프로그램, 미국립연구위원회에서는 혈중 콜레스테롤은 반드시 '200mg/dL 이하'로 맞춰야 한다고 결론을 내렸습니다. 그러나 그렇게 지방이 30%를 넘지 않게 음식을 먹어서는 질병개선에 아무런 효과도 없습니다. 진실은 이미 밝혀졌습니다. 심장마비에 걸린 사람 중 25%가 혈중 콜레스테롤 수치 180-200mg/dL이었다는 사실을 밝혀낸 바 있습니다. 이것은 서구 식단에 큰 문제가 있다는 것을 의미합니다. 매년 120만 명이 심장마비에 걸리고 수천만 명이나 관상동맥질환의 대기환자인데도, 도대체 왜 콜레스테롤 수치를 '150mg/dL 이하'로 설정하지 못하고 있을까요. 그 뒤에는 강력한 상업자본주의가 도사리고 있습니다. 고양이(낙농업자와 축산업자와 육가공업자)에게 생산 가게를 안전하게 지키라고 맡긴 꼴이니…67)

66) 앞의 책, p.81
67) 앞의 책, p.105-108

국가기관은 말합니다. "가능하면 육류나 유제품에 많이 함유된 지방을 줄이세요. 자방이 없는 붉은 살코기 위주로 드십시오. 닭의 껍질은 지방이 너무 많으니 벗겨내시는 게 좋지요." 그들은 아주 친절한 말투로 애매모호하게 말합니다. 지방섭취를 당장 멈추라고 말을 하는 의사나 정부기관은 어디에서도 찾아볼 수 없습니다.

[전미 관상동맥질환 치료를 위한 회의]에서 코넬대학 교수 **콜린 캠벨** 박사(무엇을 먹을 것인가 저자)가 한 말입니다.

"만일 이 세미나에서 밝혀진 숫자와 증거들이 맞다면, 우리는 이렇게 먹어야만 더 안전하고 건강해진다고 말하는 것을 망서려서는 안 됩니다. 우리가 진정한 과학자라면 우리 환자들에게 이 옳은 정보를 주저 없이 전해야합니다. 그래서 그들이 선택할 수 있도록 결정권을 주어야 합니다. 우리는 하루 빨리 '**뿌리식물, 통곡류, 과일, 그리고 잎사귀들이 가장 건강한 음식**'이라는 것을 우리 모두의 이름으로 추천하고 승인한다고 널리 공포해야 합니다."68)

"동맥경화를 줄이는 가장 효과적인 음식습관은, 통곡물과 뿌리식물과 채소와 과일 등을 주로 하는 채식으로서, 이렇게만 해도 지방함량은 10-15%를 충족시킨다. 이러한 음식습관은 유방 및 전립선, 그리고 결장이나 자궁에 종양이 자라는 것을 방지할 수 있다. 비타민과 미네랄이 알맞게 함유되어 있기만 하면, 이러한 음식습관이 부정적인 결과를 가져온다는 보고서는 어디에서도 찾을 수

---

68) 앞의 책, p.115

없다."[69]

@악마 보듯 해야 할 음식[70]

①**육류** : 닭고기, 돼지고기, 소고기, 오리고기 …
②**생선, 달걀, 우유**
③**유제품** : 버터, 치즈, 크림, 요구르트…
④**기름** : 동물성기름, 식물성기름, 트랜스지방…
⑤**정제된 곡물** : 가루식품, 백미…
⑥**견과류** : 아주 조금만 필요 하다.

@적극 추천하는 음식[71]

①**채소류** : 고구마, 감자, 무, 당근 …
②**콩류** : 생완두콩, 팥, 서리태…
③**통곡류**: 현미, 통밀, 수수, 기장…
④**과일류** : 사과, 배, 바나나, 딸기, 수박…
　단) 말린 과일은 좋지 않다.
⑤**음료수**: 생수, 광천수…

@채식, 나사로의 부활?

약물과 달리 '**채식**'은 콜레스테롤 수치를 떨어뜨리는 것 외
에도 많은 효과를 가져다줍니다. 채식을 하게 되면, 비만, 고혈

---

69) 앞의 책, p.116
70) 앞의 책, p.123
71) 앞의 책, p.125

압, 중성지방, 혈당 수치도 같이 떨어집니다. 혈관내피세포가 치료되어서 막혔던 동맥혈관을 뚫어줌으로써, 심장이 20대 청년처럼 팔팔하게 뛸 수 있게 만듭니다. 이는 무덤에서 잠자던 '**나사로를 부활**'시킨다는 말입니다. 이보다 더 좋을 수는 없습니다.72)

@치매, 중풍도 채식으로!

모든 기름은 '**지뢰**'와 같습니다. 하나만 터지면 끝장이지요. 모든 기름은 단 한 번에 딱 끊는 것이 최선의 방법입니다. 생채식을 12주만 하면, 식물 고유의 '**천연향**'을 알게 되어, 식단에서 지방을 퇴치하는데 전혀 불편이 없게 됩니다. 심장병만이 아닙니다. 치매나 중풍도 나이 때문에 걸리는 게 절대 아닙니다. 모든 혈관은 90세가 되어도 9살 어린이의 혈관처럼 선명하고 깨끗하게 유지할 수 있습니다. 수십 년 동안 이 한 분야만을 연구해 온 에셀스틴이 장담합니다. <u>그 길은 오직 채식뿐입니다.</u>73)

> "만일 당신의 의사가 혈관확장시술을 해야 한다고 말하면, '저는 음식으로 치유하겠습니다.'고 말하고 빨리 병원 뒷문으로 빠져 나오시기 바랍니다. 내 의견에는 음식으로 혈관내벽을 치유하는 게 훨씬 더 좋습니다."

마라톤 선수 **딕 뒤브아**는 관상동맥 2개가 모두 막혀서 바이패스시술을 하기로 스케줄을 잡았습니다. 그러나 그는 나와 상담하고 채식을 하기로 결정했습니다. 담당의사는 1년 안에 사망확률이 10%라고 했지만, 불과 11일 만에 가슴통증이 멈추

---

72) 앞의 책, p.131
73) 앞의 책, p.169

었습니다. 그 후 그는 꾸준히 채식을 하여 심장병 완치판정을
받았습니다.74)

　　"박사님은 작년도 제 수입이 500만불(55억)이었다는 사실을
모르시나요?'

　　누구의 말인지 아십니까? 에셀스틴이 후배 의사에게 심장
병 치유 방법이 채식 치유가 맞다는 걸 잘 알면서 왜 그렇게
하지 않느냐고 물었을 때 그 후배의사가 한 말입니다. 우리는
지금 환자를 건강하게 하는 방식이 아니라 의사들에게 돈을 더
많이 바칠 수밖에 없는 의료시스템에 의존하고 있습니다.75)

　　성경 야고보서 1장 15절에 "욕심이 잉태한즉 죄를 낳고 죄
가 장성한즉 사망을 낳느니라"는 말씀이 있습니다. 여기 이 "욕
심(desire)"에 반드시 "식욕(appetite), 식탐(Gluttony)"도 포함시켜
야 합니다. 사실 아담의 선악과 사건도 그렇듯이, 거의 모든 죄
의 시작은 먹는 것입니다. 예전에는 옷 한 벌이면 됐지만 지금
은 철마다 때마다 유행 흐름을 좇아갑니다. 배가 고파서가 아니
라, 더 맛있는 음식을 먹기 위해서 뛰어다닙니다. 동물들은 대
부분 위가 80% 이상 차면 더 이상 먹지 않는다고 합니다. 그
런데 동물들 중에서 유일하게 사람만이 위가 100% 차도, 아니
120% 찰 때까지 음식을 탐합니다. 그 '독식(獨食)', 혼자 먹으려
하는 음식이 '독식(毒食)', 독을 품은 음식이 되는 겁니다.76) 스
트레스도 결국은 사회적으로 독식(獨食)하려는 마음에서 비롯된
정신적 독(毒)입니다.

---

74) 앞의 책, p.181
75) 앞의 책, p.185
76) 이희대, [희대의 소망] p.43

식욕(식탐)이 잉태한즉 죄를 낳고 죄가 장성한즉 각종 질병이 생기고, 여러 가지 질병이 쌓여서 사망을 낳습니다.

@빌 클린턴과 지방

햄버거 광이었던 **빌 클린턴** 전 미국 대통령은 3번이나 심장수술(2004년 관상동맥우회수술, 2005년 폐질환수술, 2010년 심장수술)을 받았습니다. 클린턴의 식성은 유명했습니다. 대선 유세 때 도너츠 12개가 든 상자를 보좌진이 말릴 틈도 없이 먹어치워 화제가 된 바 있습니다. 평소엔 햄버거, 스테이크, 닭고기 요리, 바베큐, 감자튀김을 즐겼다고 합니다.

[출처] [당신이 몰랐던 지방의 진실] p.198

그는 **K. 에셀스틴**의 지도로 식습관을 완전히 바꾸어서 심장병이 완치되고 15Kg나 감량했습니다.

"저는 맥도널드 햄버거와 던킨 도너츠를 사랑하는 사람이었습니다. 그러니까 지방을 끼고 살았다고 보면 맞습니다. 어느 날 수술을 받은 후 이러다가 곧 죽을 수도 있다는 생각이 들었습니다. 그래서 나는 에셀스틴 박사의 제안을 받아들여, 내가 최대한 장수할 수 있는 채식을 선택한 거죠"77)

---

77) 에셀스틴, 앞의 책, p.198

그래서 그는 육류, 유제품, 계란 등을 입에 대지 않고 기름
도 거의 먹지 않는다고 합니다. 자기만 안 먹는 게 아니라, 미
국 심장학회와 공동으로 미국 내 1만2000개 학교에 '**운동**(Sport
s)'을 장려하고 '**건강 식단**'을 제공하자는 운동(Campaign)을 펼치
고 있습니다. CNN 인터뷰에서도 "어린이들이 나와 같은 심장
질환을 겪지 않았으면 좋겠다."고 강조했습니다.

그래도 기름을 드시겠습니까?
하나님의 사랑을 마음 판에 깊이 각인시키기 위하여
다시 씁니다.

**너희는 기름과 피를 먹지 말라(You must not eat any f
at or any blood.)** 이는 너희의 모든 처소에서 너희 대
대로 지킬 영원한 규례니라(레 3:17)

제 6 장
당뇨병 원인과 치유

다니엘은 뜻을 정하여 왕의 음식과 그가 마시는 포도주로
자기를 더럽히지 아니하리라 하고 자기를 더럽히지 아니하
도록 환관장에게 구하니(다니엘 1:8)

제 6 장 : 당뇨병 원인과 치유

네가(라오디게아교회) 말하기를 나는 부자라 부요하여 부족한 것이 없다 하나 네 곤고한 것과 가련한 것과 가난한 것과 눈 먼 것과 벌거벗은 것을 알지 못하는도다 (계 3:17)

세종대왕은 소갈병, 곧 당뇨병환자였다지요. 그리고 보면 당뇨병은 옛날에 주로 고관대작들이나 걸리는 [**풍요병**]이었습니다. 그런데 요즘은 소아 당뇨병을 비롯하여 국민 다섯 명 중에 한 명이 당뇨병 환자인 시대에 우리는 살고 있습니다.

@신진대사(Metabolism)?

우리 몸은 열심히 '**신진대사**(新陳代謝)'를 하여야 합니다. 신진대사는 우리가 먹는 음식물을 호흡을 통해 들어오는 산소로 산화시켜서 몸에서 사용할 에너지(ATP)를 만드는 과정입니다. 다시 말해서 빛, 공기, 물, 음식을 받아들여 그것을 변화, 합성, 재창조, 해독하여 쓸 것을 쓰고 다 쓴 것과 찌꺼기는 숨, 땀, 소변, 대변으로 배출하는 전 과정을 통칭한 말입니다.

> In : 빛, 공기, 물, 음식
> & : 변화, 합성 창조, 해독
> Out : 숨, 땀, 소변, 대변

바로 이 과정에 문제가 생기는 질병을 '**대사증후군**(代射症候群;Metabolic Syndrome)'이라고 합니다. 이 대사증후군을 예방하기 위해 늘 점검해야 하는 것이 비만(Abdominal Obesity), 혈압(Blood Pressure), 지방(Cholesterol, Fat), 당뇨(Diabetes : Blood Sugar)입니다.

불치병은 없다!
불치습관이 있을 뿐이다!
- 의사 신우섭(의사의 반란) -

@당뇨병, 무엇인가?

음식물의 소화된 당분이 세포 속에 공급되지 못하고 혈관에 그대로 남아서 문제를 일으키는 병입니다.

①세포 속으로 들어가지 못한 당이 오줌에 섞여 나오는 병입니다.

②공복 혈당수치가 126mg/dL 이상입니다.

③소변을 자주 봄으로 물을 많이 배출하여 늘 목말라 합니다.

④세포에너지가 부족하여 힘이 없습니다.

다니엘서는 한 청년이 남의 나라 바벨론으로 포로로 잡혀가는 장면으로 시작됩니다. 생각해보십시다. 이 청년은 외적에 의해 부모가 몰살당하고 임금이 죽고 나라가 망하는 모습을 생생하게 보았습니다. 그는 포승줄에 묶여서 비통한 눈물을 삼키며 적진 한복판으로 끌려오면서 무슨 생각을 했을까요? 왜 하나님의 선민이라고 자부하던 나라가 이지경이 되었는가? 생각하고 또 생각하고… 되새기고… 또 다짐하고… 그래서 뜻을 정했습니다.

"몸을 더럽히지 아니하기로……"

그렇습니다. 바로 이것이 **다니엘**을 있게 했습니다. 자, 이제 우리 차례입니다. 어떻게 해야 할까요? 선택은 내 몫입니다. 그래서 ①듣고(聽), ②알고(知), ③이해하고(解), ④믿고(信), ⑤정하고(定), ⑥행하고(行), ⑦증거하는(證) 사람만이 그 열매를 누립니다. 다니엘처럼…….

> 다니엘은 뜻을 정하여 왕의 음식과 그가 마시는 포도주로 자기를 더럽히지 아니하리라 하고 자기를 더럽히지 아니하도록 환관장에게 구하니(다니엘 1:8)

> 청하오니 당신의 종들을 열흘 동안 시험하여 채식을 주어 먹게 하고 물을 주어 마시게 한 후에 당신 앞에서 우리의 얼굴과 왕의 음식을 먹는 소년들의 얼굴을 비교하여 보아서(다니엘 1:12-13)

> 하나님이 이 네 소년에게 학문을 주시고 모든 서적을 깨닫게 하시고 지혜를 주셨으니 다니엘은 또 모든 환상과 꿈을 깨달아 알더라(다니엘 1:17)

@당뇨병 분류

당뇨병 권위자 **허갑범** 교수가 우리나라 당뇨병 환자 3,357명을 분석한 결과입니다.

① **일형당뇨** : 췌장의 인슐린 생산세포가 파괴된 사람으로 우리나라는 약2.3%가 여기에 속합니다. 주로 소아당뇨환자이지

요.

② **일점오형당뇨** : 췌장 기능이 떨어져 인슐린 생산량이 부족한 사람이며, 약12.8%입니다.

③ **이형당뇨** : 혈당이 조금 높을 뿐 췌장 기능은 아직 정상인 사람입니다. 우리나라 당뇨병 환자의 84.9%가 여기에 속합니다.

그러니까 췌장이 완전히 망가진 일형당뇨병 환자는 2.3%로 주로 소아당뇨병 환자이고, 약 85%의 당뇨병환자는 이형당뇨병으로 생활습관만 바꾸면 충분히 완치될 수 있다는 얘기이지요. 그런데 사람들은 당뇨약을 먹으면 치료 되겠지 하는 안일한 생각에 빠져서 시간을 지연하다가 결국 일점오형당뇨병으로, 마침내 췌장까지 완전히 망가져서 인슐린 주사에 의존하는 일형당뇨병 환자가 됩니다.

@당뇨병 진단기준?

당뇨병을 진단 할 때 자주 듣는 말이 '**혈당지수**'이지요. 그것은 피 속에 포도당이 얼마나 있는 지를 치수로 나타내는 것입니다. 여기서 쓰는 단위 mg/dL(밀리그램 디엘)은 혈액 100밀리리터 속의 혈당량을 밀리그램으로 표시한 겁니다. 혈당 지수 검사는 측정시간에 따라, 8시간 이상 음식을 먹지 않고 측정하는 '**공복 혈당 검사**', 식사 2시간 뒤에 측정하는 '**식후 2시간 혈당 검사**', 그리고 보통 3개월에 한 번씩 측정하는 '**당화혈색소 검사**'가 있습니다.

'**공복혈당 검사**'는 주로 아침 식사 전에, 지난 밤 저녁 식사 후에 물 이외에는 아무것도 먹지 않은 상태에서 측정한 혈당

지수입니다. 이 지수를 1997년 미국 당뇨병학회와 WHO(세계보건기구)에서 그전까지 140mg/dL에서 126mg/dL로 내려서 지금까지 기준으로 삼고 있습니다. 그러나 이 기준은 당뇨병을 치유하기 위한 수치로는 너무 높은 실정입니다. 일부 전문가들은 110mg/dL 이상이면, 당뇨병으로 간주하여 치료하고 있습니다. **황성수** 박사는 공복혈당의 정상수치를 **60-80mg/dL**로 보고 식단을 관리하고 있습니다.

'식후 2시간 혈당 수치'도 200mg/dL을 정상으로 보지만, **황성수** 박사는 **120mg/dL** 이하를 정상으로 봅니다. 그날그날 먹은 음식이 동물성이냐 식물성이냐에 따라서 다르고, 식물식도 익혀서 먹느냐 날(生)걸로 먹느냐에 따라 다르고, 대충 씹고 넘기느냐 천천히 꼭꼭 씹어 먹느냐에 따라서 다를 수 있으므로, 진단 기준으로 삼아야 할 것은 '공복혈당수치'입니다.

'**당화혈색소**'의 정상수치는 6.0% 이하입니다. 당화혈색소란 적혈구에 포도당이 달라붙어 있는 정도를 측정한 수치입니다. 이를 3개월마다 측정하는 이유는 적혈구의 수명이 3-4개월 정도이기 때문이지요. 이 수치도 **황성수** 박사는 5%를 정상으로 봅니다.[78]

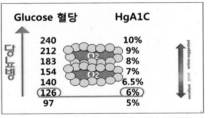

[출처 이준원 박사 건강강좌]

@당뇨병 합병증?

당뇨병을 방치하면 피가 탁하여 져서 모세혈관이 많이 분

---

78) 황성수, [당뇨병이 낫는다] p.32-36

포된 기관이나 심장으로부터
먼 곳의 기관을 망가뜨립니
다.

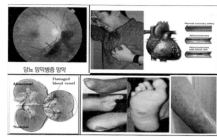

[출처] 이준원 박사 강의

①눈 : 망막병증 - 시력
　　　저하, 시력상실
②위, 장 : 소화불량, 구
　　　토, 구역
③콩팥, 생식기 : 신부전증, 거품뇨, 성기능장애, 기립성 저
　　　혈압
④간, 췌장 : 간, 췌장 기능저하
⑤사지, 몸 : 저림, 통증, 손발 괴사, 비만, 면역력저하, 치
　　　주염
⑥뇌, 심혈관 : 마비, 뇌경색, 호흡곤란, 고혈압, 협심증, 치
　　　매
⑦암 : 최근 연구에 의하면, 당뇨병이 '암'을 불러들이며,
　　　정상인보다 30-40% 더 발생한다고 합니다.

@당뇨약과 문제점?

1. 당뇨약 종류 :
①당 생성억제 및 소비촉진제 : 간 기능을 저하시켜서 피
　　로, 위장장애, 가스, 설사, 두통, 부종, 비만을 동반합니
　　다.
②소화 및 흡수 억제제 : 설사, 가스, 복부팽창을 불러일
　　으킵니다.
③당 배출촉진제 : 저혈당, 저체중을 초래하는 부작용이
　　있습니다.

2. 당뇨약 처방 문제점 :

①**당뇨약으로 혈당을 낮추면** : 환자가 방심하여 원인 개선
을 외면하여 점점 더 심하게 됩니다.

②**외부 힘 의존** : 인슐린을 분비하는 췌장이 스스로 회생
하는 길을 찾지 않고, 마냥 도와주기만 하면 췌장에서
인슐린분비 기능이 점점 퇴화됩니다.

③**부작용** : 구토, 만성피로, 탈진, 신부전, 뇌졸중, 저혈당,
쇼크사가 생길 수 있습니다.

특히 '**저혈당**'이 문제입니다. 저혈당은 60mg/dL 이하로 혈
당지수가 내려가는 경우로, 자칫하면 생명을 잃을 수도 있습니
다. 우리 몸은 당분이 없으면 생체에너지(ATP)를 생산할 수 없
어서, 세포 기능이 멈출 수밖에 없습니다. 그런데 참 놀라운 것
은 신앙인들이 무려 40일이나 금식해도 저혈당이 생기지 않습
니다. 그 이유는 몸속에 중성지방 형태로 비축되어 있는 걸 서
서히 변환시켜서 쓰기 때문입니다. 그런데 당뇨병환자만 저혈당
문제가 생기는 원인은 당뇨약을 너무 많이 투여하여서 혈당수
치를 급격하게 떨어뜨리기 때문입니다. 그래서 당뇨약을 먹는
사람들은 저혈당으로 인한 쇼크사를 막기 위한 응급조치로 당
분(사탕, 초콜릿…)을 꼭 가지고 다니라는 권고를 의사로부터 받습
니다. 그러므로 당뇨약은 "**언 발에 오줌 누기**"와 같은 꼴이지
요. 추워서 발이 얼었을 때, 발등에 오줌을 누면, 당장은 따뜻
할 수 있지만, 오줌이 식으면 이전보다 더 추워지지요. 이처럼
당뇨약을 자꾸 쓰면, 당장 혈당수치로는 정상같이 보이나, 실제
로는 상태가 훨씬 더 악화되는 길로 갈 수밖에 없습니다.[79]

---

79) 황성수, 앞의 책, p.84.

@탄수화물, 당질?

우리는 반드시 풍부한 탄수화물을 먹어야 합니다. 이런 당질이 많은 식품으로는 현미, 밀, 감자, 고구마, 콩, 옥수수, 채소, 과일…들이 있습니다. 그런데 우리는 왜 탄수화물을 먹어야 할까요. 우리 몸은 탄수화물의 무엇을 필요로 할까요. **탄ㆍ수ㆍ화ㆍ물**을 하나하나 살펴볼까요.

탄수화물($C_n(H_2O)_m$)에서,
①탄(C) : 우리가 호흡을 통해 배출하는 탄산가스(CO_2)에서 탄소(C)는 식물의 잎을 통해 섭취하고, 산소(O_2)는 배출합니다.
②수(H_2O) : 식물은 뿌리를 통해 물(H_2O)을 충분히 흡수합니다.
③화(化) : 식물은 잎을 통해 태양에너지를 흡수하여 광합성(光合成) 작용을 합니다.
④물(物) : 이렇게 광합성된 태양에너지를 저장한 물질이 곡식, 과일, 채소입니다.

그러니까 탄수화물에서 **탄소**(C)는 우리 몸에 필요 없으니까 버리고, **수**(H_2O)는 채소 과일에 많은 천연식수이니 참 좋지요, 그러나 무엇보다 탄수화물을 먹는 목적은 **화**(태양에너지)입니다. 이 '**태양에너지**'를 가득히 품고 있는 탄수화물이 곱게 분해되어 포도당이 되고, 그것이 세포 속에 있는 미토콘드리아에서 산소와 생기를 만나서 생체에너지(ATP)를 생산합니다. 그런 의미에서 탄수화물은 태양에너지를 저장하는 '**배터리**'라고 할 수 있습니다.

@미토콘드리아와 활성산소

세포 안에는 크게 **미토콘드리아**와 세포핵이 있습니다. 미토
콘드리아는 세포 안으로 들어온 포도당과 산소를 산화시켜서
각 기관에 꼭 필요한 생체에너지(ATP)를 만드는 중요한 기관이
지요. 이것이 많아서 활발하게 움직이는 사람이 힘이 있는 사람
입니다.

우리가 음식물을 먹으면 입에서 이빨로 잘게 부술 뿐 아니
라 '**아밀라아제**'라는 소화효소를 잘 섞어서 위장에 내려가 위산
에 의해 더욱 더 잘게 분해되고서야 십이지장에 내려갑니다. 그
곳에서 담즙과 췌장액에 의해 마지막 소화를 끝내고, **인슐린**의
안내를 받으며 각 기관 세포로
포도당이 배달됩니다. 이때 세
포막에 있는 '**인슐린 수용체**(문
지기)'가 얼른 문을 열어주면, 미
토콘드리아 속에 들어가서 미리
와 있는 **산소**와 결합하여 **생기**
(生氣)에 의해 산화됩니다.

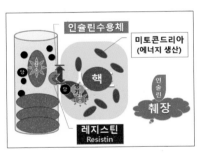

이 때 발생하는 '**활성산소**(유리기)'는 자동차로 말하면 매연
과 같은 것인데, 이를 제거하는 물질이 간에서 만들어지는 '**항
산화물질**(SOD)'입니다. 요즘 활성산소는 노화를 비롯한 만병의
근원이라고까지 말합니다. 그래서 우리는 활성산소가 적게 생기
게 하기 위해서라도, 또한 몸에 이미 생긴 활성선소를 제거하기
위해서라도, 항산화물질이 하나도 없는 동물성 식품을 멀리하고
항산화물질이 듬뿍 들어있는 채소와 과일을 많이 먹어야 마땅
합니다.

@인슐린저항성?

또한 인슐린이 포도당과 함께 세포에 도착해 보니, 인슐린 수용체 앞에 덮개가 씌어져 있습니다. 이를 '**인슐린 저항성**(Resistin)'이라고 합니다. 왜 이런 일이 생길까요. 그것은 삶속에서 스트레스를 많이 받고, 생기가 부족하며, 삶의 의욕을 잃어서 미토콘드리아 숫자가 적어졌기 때문입니다. 평소 동물성 음식을 **과식**하고, **간식**과 **야식**을 즐기면서, **운동**을 게을리 하면 미토콘드리아가 생체에너지를 많이 생산할 이유가 없으니, 아예 덮개를 씌어서 에너지 생산을 멈추는 **파업**에 들어간 거지요. 그런데 사람들은 당뇨약을 투약하여 강제로 문을 열어젖히니, 이형당뇨병이 일점오형으로, 마침내 일형당뇨병으로 진행할 수밖에 없지요.

@글라이신을 글리포세이트로 대치?

당뇨병은 생기부족, 스트레스 과다, 미토콘드리아 숫자 부족, 운동 부족, 과지방 식사, 산소부족, 활성산소가 주원인이라고 이구동성으로 말합니다. 그런데 최근에는 '**인슐린 수용체**(세포의 출입문)'를 형성하는 단백질 아미노산 '**글라이신**(Glycine)'을 대신하여 분자구조가 비슷한 농약성분인 '**글리포세이트**(Glyphosate)'가 세포 속에 유입되어서, 이런 불량한 단백질이 인슐린 수용체의 기능을 약화시키는 것이 주원인이라고 주장합니다.

이를 좀 더 보십시다. 2015년 WHO(세계보건기구)에서 발암물질로 규정한 글리포세이트는 원래 파이프 청소 물질인데, '**몬산토**(Mosanto)' 회사가 이를 인수하여 [**라운드업**(Roundup)]이라는 농약으로 허가받아서, 현재 지구 땅에 가장 많이 뿌려지고 있습니다. 특히 몬산토 회사는 자사 농약인 라운드업을 충분히 견딜 수 있도록 '유전자를 조작한 옥수수와 콩'을 보급하고 있는데, 우리나라가 전 세계에서 수입을 가장 많이 합니다. 결국 사람들이 즐겨 먹는 옥수수와 콩으로 만든 식품과 과자류는 글리포세이드 덩어리인 셈이지요. 혹 그런 식품을 먹지 않는다고 안심할 수 없는 것은 대량 수입한 옥수수와 콩은 주로 닭, 소, 돼지의 사료이기 때문입니다.

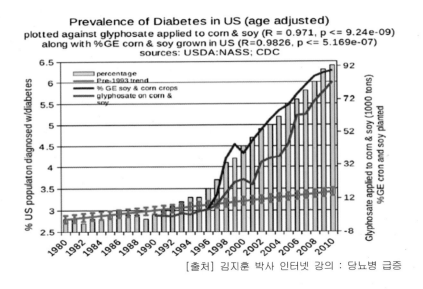

[출처] 김지훈 박사 인터넷 강의 : 당뇨병 급증

　　뇌신경전문의 '김지훈 박사'에 의하면, 미국에서 서서히 비만인구(초록색 선)가 증가하여 왔는데, 1990년부터 몬산토의 라운드 업이라는 농약(아래쪽의 빨간색 선)이 무차별 살포되면서부터 당뇨병환자가 증가하기 시작하여 유전자를 조작한 옥수수와 콩(위쪽의 파란색 선)이 보급되면서부터 당뇨병(노란색 막대기)이 급증했습니다. 그뿐 아니라 콩팥병, 알츠하이머, 파킨슨병, 자폐, 무뇌증, 장염, 갑상선 기능저하증도 급증했다는 보고서를 제시했습니다.

@최종당화독소(AGE)?

'**최종당화독소**(Advanced Glycation End products)'는 혈액 속에 남아 있는 '**과잉 당질**'이 '**과잉 단백질**'과 결합해서 생기는 '**독소**'입니다. 이 것이 췌장을 공격하고 당 조절 능력을 저하시키며, 혈관과 각종 장기에 붙어 서 당뇨병을 포함한 여러 가지 질병을 일으킵니다. 이런 AGE가 생기지 않

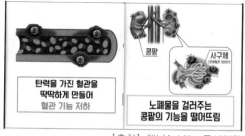

[출처] 채널A 나는 몸신이다

도록 '**동물성 단백질**'을 먹지 말아야 하며 특히 당질을 많아지게 하는 주범인 '**설탕 성분**'을 가급적 멀리해야 마땅합니다.

설탕은 사탕수수에 들어있는 천연 무기질을 제거하고 당류만 뽑아내어 정제한 '**달콤한 독약**'입니다. 이것을 거의 매일 섭취하면 소화, 해독, 배설 과정에서 체내의 귀중한 비타민과 미네랄을 고갈시키고, 체내 환경을 산성화시키는 주범입니다. 이런 설탕은 청량음료, 시리얼, 피클, 콜라, 사이다. 햄버거, 케이크, 빵, 자장면, 탕수육…들에 가득합니다.

그러므로 꼭 당류가 필요하다면 곡물로 만든 '**조청**'이나 '**원당**', '**마스코바도**'80)을 쓰는 것이 좋습니다.

---

80) **마스코바도**: 필리핀과 동남아에서 정통방식으로 제조하여 섬유질과 미네랄이 그대로 있는 설탕.

@당뇨병 치유

①조기진단 후, 급하게 당뇨약을 처방받지 말라.
②당뇨약을 투여하면 췌장기능이 약화되어 진짜 당뇨환자
  가 된다.
③세포가 인슐린을 저항하는 원인을 찾아라.
④췌장기능이 약해진 원인을 찾아서 생활습관을 바꿔라.

　광주에서 하나통합의원을 하고 있는
'전홍준 박사'는 의대교수로 근무하는 동안
많은 환자를 진료하면서 수술과 약물만으
로는 완치될 수 없다는 것을 알고 회의가
들기 시작했습니다. 그래서 독일, 일본, 미
국을 오가며 채소, 과일, 절식을 익혔습니
다. 그래서 그는 [비우고 낮추면 반드시 낫
는다]는 책을 쓰고, 지금도 활발하게 수많은 사람들을 치유하고
있습니다. 그는 크게 3가지를 애기합니다.

　　첫째로, 자연을 따르면 저절로 낫는다!
　"치유의 힘은 의사에게서 나오는 것이 아니라 자연으로
부터 나온다. 병을 고치려 하지 말고 병을 가진 인간 전
체를 치유하라"

　이것이 외국에서 만난 의사들의 일관된 가르침이었습니다.
그래서 그는 기계론적인 외과 의사에서 '생기론적인 자연 치유
의사'로 바뀌었습니다.

　　둘째로, 생각을 바꾸면 반드시 낫는다!

똑같은 증상을 가진 환자에게 똑같은 처방을 했는데, 전혀 다른 차도를 보입니다. 왜 그럴까요. 그렇지요. 생각을 바꾸지 않으면 병이 낫지 않습니다. 그는 심신의학자로부터 배운 바를 자기 환자들에게 적용하여 치료했습니다.

셋째로, 비우고 낮추면 생명이 보인다!
"모든 사람은 한정된 육체가 아니며, 무한한 가능성을 가진 영적 존재"입니다.

그가 힘주어 말하는 이 세 가지는 '**전인치유**(Holistic Medicine)', 곧 한 사람의 몸과 마음, 그리고 영성을 치유하는 통합의학입니다. 그가 말하는 첫 번째 이야기는 '**몸의 치유**'이고, 두 번째는 '**마음의 치유**', 그리고 세 번째는 '**영성의 치유**' 이야기입니다.

저도 그의 이야기에 전적으로 공감합니다. 그래서 모든 사람은 반드시 올바른 신앙의 대상을 모시고 '**바른 믿음의 삶**'을 살아야 합니다. 다음은 믿음의 대상이 가르쳐 주신 대로 '**바르게 생각하는 삶**'을 살아야 합니다. 그 다음에는 바르게 믿고 바르게 생각한 대로 '**바르게 먹는 삶**'을 실천해야 합니다. '**아는 것이 힘**'이라는 말이 있지만, '**아는 것이 병**'이라는 말도 있습니다. 제가 만난 대부분의 사람들은 아는 것이 병이었습니다. 그렇습니다. 듣고 행함이 없는 사람은 모래위에 집을 짓는 어리석은 사람이요, 그 사람의 믿음은 거짓입니다. 부디 행함으로 '**전인치유를 경험하는 삶**'을 지금 여기서 누리고 나누소서. 아멘!!

전홍준 박사가 그를 찾아 온 당뇨병 환자를 완치한 사례를 얘기하면서 크게 강조한 말이 아직도 귀에 쟁쟁합니다.

불에 익히지 않은 생채식,
불에 익히지 않은 생채식이
당뇨병 치유의 특효약입니다!

@영양학과 당뇨병?

<미국 의료 영양학 저널>에 의하면, 인슐린을 필요로 하던 20명의 환자에게 극도의 저지방, 고섬유소 식단을 처방하고 그 추세를 살펴본 결과, 16일밖에 지나지 않았는데도 이들 환자 가운데 45%가 인슐린 주사를 끊을 수 있었습니다. 다른 연구도 이와 비슷한 결과를 얻고 있습니다. 인슐린 주사를 필요로 하던 당뇨병환자 약 75%와 당뇨약(설폰닐루레아스)을 먹던 환자 90%가 저지방, 고섬유소(현미, 채소, 과일) 식단으로 바꾸고 난 바로 몇 주 뒤부터는 더 이상 투약할 필요가 없어졌습니다.[81]

@당뇨병 예방에 좋은 식품

   *녹차 : 카테킨 - 활성산소 제거
   *양파 : 퀘르세틴 - 항산화제
   *연근 : 뮤신 - 지방분해 성분
   *옻나무 : 우루시올 - 어혈 제거
   *인삼 : 사포닌 - 항산화제
   *청국장 : 바실러스서브틸리스 - 지방세포 증식 억제
   *토마토 : 리코펜- 항산화제
   *마늘 : 알리신 - 혈전 억제
   *해조류 : 알긴산 - 항콜레스테롤

---

81) 존 로빈스/손혜숙, [육식-2] p.123

★감, 귤, 레몬 : 베타클립토키산틴- 항산화제

★버섯 : 베타글루칸 - 항산화제

★감잎차 : 탄닌 - 항동맥경화제[82]

@당뇨병을 완치한 사람들

①김홍천(서울)

4년 전 갑자기 당 수치가 500이 넘어서 꾸준히 당뇨약을 먹고 운동을 병행했다. 2017년에 가슴이 조여드는 느낌이 들어서 급히 병원을 찾아서 스텐트 시술까지 받게 되었다. 아내의 권유로 황성수힐링스쿨에 참가하기 전까지, 고혈압 약과 당뇨약을 아침에 8알, 저녁에 3알 복용했다. 그러나 힐링스쿨에서 아침에 3알만 먹고 저녁에는 먹지 않았는데도 공복 혈당이 70-80 정도로 유지되었다. 현미와 채식, 과일만으로 몸이 이렇게 좋아질 수 있다니, 무척 놀랍다. 나를 이곳으로 인도한 천사 같은 아내가 너무도 고맙다.

②김의생(경기)

38년간이나 당뇨약을 먹었다. 급기야 콩팥까지 영향을 받게 되었다. 나이 74세에 편히 여생을 보내고 싶은 마음에 황성수힐링스쿨에 참가했다. 참가한 지 4일 만에 아침에 8알, 저녁에 4알을 38년 동안 복용하던 약을 끊고, 10년 동안 맞아온 인슐린도 완전히 중단했다. 이전까지 380-400을 오르내리던 공복혈당은 약을 먹지 않는데도 110 정도로 내려왔다. 높았던 혈

---

82) 윤태호, [당뇨병 약 없이 완치할 수 있다] p.224-242

압도 정상으로 돌아왔다. 앞으로도 여기서 먹던 그대로 현미식
물식을 꾸준히 이어나가며 건강과 보람을 느끼고 싶다.

③박정란(경기)

평소 술자리를 즐기다보니, 고혈압 약과 당뇨약을 꾸준히
복용하며 지냈다. 황성수힐링스쿨에 올 때는 당 수치가 180 정
도였는데 ,이곳에 와서 3일 만에 고혈압 약과 당뇨약을 모두
끊었다. 현미, 채소, 과일로 식사를 바꾸고, 6Kg이 빠졌다. 무
엇보다 몸이 가볍고, 뱃속이 편하다. 앞으로도 꾸준히 실천해서
지금보다 더 좋은 몸 상태를 만들고 싶다.

④38년간 당뇨약과 인슐린 주사

경기도에 사는 73세 남성 K씨는 약 38년간 당뇨약 2종(트
라젠터-1일 1정, 디아미크롱-1일 2정)을 복용하고 있었고, 약 10년
전부터 인슐린(레버미어 플렉스펜 100
-12단위)까지 추가로 쓰고 있었다.
힐링스쿨에 입학하여 현미식물식
을 시작한 후 당뇨약을 하나씩 끊
기 시작하여 5일만에 약과 인슐린
을 모두 끊었다. 그 때부터 졸업
때까지 공복혈당이 107-141이었
다. 약간 높긴 하지만, 2주 만에
이룬 결과다.[83]

[출처] 이준원 박사 강의

⑤에디슨, 포드, 카네기, 록펠러

세상적으로 저명한 인사인 '**토마스 에디슨**', '**헨리 포드**',

---

83) 황성수, [당뇨병이 낫는다] p.6-11, 226

'데일 카네기', '존, 록펠러'. 이 네 사람의 공통점은 하나같이 대사증후군 곧, 복부비만, 고혈압, 고지방, 당뇨병 환자이었다가 채식과 신앙으로 완치되어 건강한 삶을 마감한 사람들입니다.

> 내가 연구에 몰두하여 일주일 정도나 자지 않고,
> 쉬지도 않고 견뎌낸 것은 채식을 해온 덕분이다.
> - 토마스 에디슨 -

@천연당뇨약, 아디포넥틴?

췌장기능이 약화된 사람에게 희소식이 있습니다. 그것은 우리의 내장 지방 속에서 **'착한 호르몬 아디포넥틴(Adiponectin)'**이 분비 된다는 겁니다. 창조주께서 미리 만들어 놓으신 아디포넥틴은 여러 가지 기능을 가지고 있지만, 특히 혈관을 회복시켜 동맥경화를 막는 작용을 합니다. 우리의 혈관은 당이나 지방(군기름), 유해물질…들로 인해 나날이 손상되고 있습니다. 이런 상처가 있으면 콜레스테롤이 쉽게 들러붙게 되며, 혈관 벽에 쌓여 혈관을 막히게 함으로써 동맥경화나 고혈압, 심지어 심근경색이나 뇌경색의 원인이 되기도 합니다.

그러나 아디포넥틴은 혈관 속 상처를 회복하는 작용과 함께, 또한 혈관을 확장시키는 작용도 있어서 높아진 혈압을 낮추는 효과가 있습니다. 이런 믿음직스러운 작용 때문에 '혈관 속 수리공', 또는 문제의 불씨를 꺼 주는 '소방관'에 비유되기도 합니다. 또 하나 주목할 만한 작용은 아디포넥틴의 인슐린 기능 강화입니다. 인슐린은 몸속에서 혈당을 낮춰주는 유일한 호르몬인데, 당이 지나치게 증가되면 기능을 하지 못하게 되거나 인슐린의 기능 자체가 저하되어 당뇨병을 일으킵니다. 아디포넥틴은 이런 인슐린 기능을 도와주는 작용이 있기 때문에 주로 생활습관에서 오는 이형당뇨병에 대한 효과적인 해결책이 되며, 당뇨병 예방 및 치료에도 새로운 가능성을 열어줍니다.[84]

　　미국 로마린다의대 이준원 교수는 이 아디포넥틴을 "**천연당뇨약**"이라고 부릅니다. 이런 착한호르몬 아디포넥틴은 정상적인 크기의 지방세포에서 많이 분비 되므로, 아디포넥틴의 장점을 제대로 누리기 위해서는 반드시 내장지방을 줄여야 합니다. 내장비만을 줄이기 위해서, 또한 아디포넥틴을 활성화하기 위해서는 반드시 식생활을 바꾸고, 꾸준히 운동을 해야 합니다.

　　당뇨병환자가 식생활을 개선하면서 꼭 신경을 써야 할 미네랄은 '**마그네슘**'입니다. 인슐린 저항성이 높아지는 요인 중에 하나는 마그네슘 섭취 부족입니다. 마그네슘은 동물성 식품 섭취와 음주, 스트레스에 의해 소변으로 배출됩니다. 마그네슘은 심신을 안정시키고, 피로와 스트레스를 없애주고, 심혈관질환을 예방하고, 뼈를 튼튼하게 하고, 혈압과 혈당을 조절하는 미네랄입니다. 특히 마그네슘은 췌장의 기능을 정상화하여 인슐린 분비를 촉진하기 때문에 당뇨병 관리에도 효능이 있습니다. 이런 마그네슘이 풍부한 채소, 과일, 해조류를 충분히 섭취하는 게 좋습니다.[85] 모든 채소 잎의 엽록소는 마그네슘의 보고이며, 특히 '**다시마**'에는 100g당 760mg이나 들어 있습니다.

　　끝으로 '**운동**'은 아무리 강조해도 지나치지 않습니다. 걷기, 달리기, 자전거 타기, 채소밭 가꾸기, 집안일 하기, 등산하기… 들 중에서 자신에게 꼭 맞는 운동을 하루 30분씩, 한 주간에 5

---

84) 시라사와 다쿠지/이송희, [아디포넥틴으로 건강장수 하는 법] p.24-38
85) 앞의 책, p.77

일 정도 꾸준히 하는 것이 좋습니다. 물론 가장 좋은 운동은 힘에 붙이지 않을 정도의 조그마한 텃밭을 가꾸는 일입니다. 하나님께서 허락하신 씨앗을 직접 선택하여 심고, 저녁마다 물을 주고, 그 생명이 잘 자라도록 주위의 풀을 적당히 잘라주고, 벌레도 잡아주면서, 그 생명이 움트고 자라는 모습을 관찰하여 보십시다. 그렇게 정성을 다하여 키운 채소와 열매를 꼭꼭 씹어 먹으면서 창조주께서 저마다 숨겨놓은 그 참 맛을 음미하며 감사하는 삶은 질병 치유에 더없이 좋은 효과가 있습니다.

[개역] 내가 네 곁으로 지나 갈 때에 네가 피투성이가 되어 발짓하는 것을 보고 네게 이르기를 **너는 피투성이라도 살라** 다시 이르기를 **너는 피투성이라도 살라**(겔 16:6)

항상 기뻐하라 쉬지 말고 기도하라 범사에 감사하라 이것이 그리스도 예수님 안에서 너희를 향하신 하나님의 뜻이니라(살전 5:16-18)

R : Rejoice 기뻐하라!
P : pray 기도하라!
T : Thanks 감사하라!

제 7 장
식품첨가물

오직 각 사람이 시험을 받는 것은 자기 욕심에 끌려 미혹됨이니 욕심이 잉태한즉 죄를 낳고 죄가 장성한즉 사망을 낳느니라(약 1:15)

제 7 장 : 식품첨가물

여자가 그 나무를 본즉 먹음직도 하고 보암직도 하고 지혜롭게 할 만큼 탐스럽기도 한 나무인지라 여자가 그 열매를 따먹고 자기와 함께 있는 남편에게도 주매 그도 먹은지라(창 3:6)

[현대어] 여자가 그 나무를 쳐다보니 그렇게 근사하게 보일 수가 없었다. 또 그 열매도 어찌나 탐스럽게 열렸던지 먹음직스럽기까지 하였다. 그 열매를 따먹으면 금방이라도 영리해질 것같이 보였다. 그래서 여자는 손을 내밀어 그 열매를 따먹었다. 또 그 열매를 따서 자기와 한 몸이 된 남자에게도 주었다.

오직 각 사람이 시험을 받는 것은 자기 욕심에 끌려 미혹됨이니 욕심이 잉태한즉 죄를 낳고 죄가 장성한즉 사망을 낳느니라(약 1:15)

　선진국들이 공통적으로 겪는 병이 '생활습관병'입니다. 각종 암으로 죽는 사람이 4명 당 1명이고, 심혈관질환으로 죽는 사람은 4.5명 당 1명이고, 당뇨병으로 죽는 사람은 3명당 1명이나 됩니다. 특히 이 당뇨병은 '21세기 에이즈'라고까지 말합니다. 왜 이런 일이 생기고 있을까요. 그 원인을 여러 각도에서 살펴보고 있습니다. 그 중에 하나로 크게 의심받고 있는 것이 [식품첨가물]입니다.

　이 식품첨가물에 대해서 얼마나 아십니까? 식품점에서 가공식품을 사면서 그 식품에 무엇이 들어 있는 지 꼼꼼하게 살피는 사람은 그리 많지 않으니…, 심히 안타까울 따름입니다. 그 모든 성분도 알지 못하는 식품첨가물이 나 자신과 우리 가족의 몸 속에 들어가서 내 몸과 가족의 몸을 만드는데도 말입니다. 이름조차 생소한 바로 이 식품첨가물에 대해서 알아봅시다.

"소시지를 사서 3개월 이상 그냥 가지고 다니는데도 변하질 않아요. 왜 안 썩을까요? 뭔가 이상한 물질이 들어 있기 때문이죠. 그 식품첨가물은 어디에 쓰여 있더라. 포장지! 포장지를 잘 보면 알 수 있는데…. 암만 봐도 잘 모르겠다고요? 앞만 보면 당연히 모르지요. 앞에 뭐가 있어요. 그림밖에 더 있어요. 어딜 봐야 됩니까? 뒤를 봐야 지요.ㅎㅎㅎ"

이렇게 열변을 토하는 사람은 [후델식품건강연구소]를 운영하는 **안병수 박사**입니다.

식품포장지 뒷면에는 발음도 잘 안 되는 낯선 원재료 이름이 나열되어 있습니다. [소시지]를 보면 L-글루타민산나트륨, 코치닐추출색소, 아질산나트륨…들이 나옵니다. [단무지]에도 같은 것이 들어 있군요. L-글루타민산나트륨, 아황산나트륨, 치자황색소…. 이런 것들은

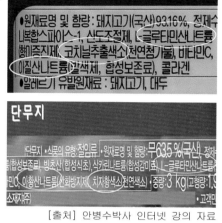

[출처] 안병수박사 인터넷 강의 자료

다 무얼 하는 걸까요? 하나하나 보십시다.

@아질산나트륨?

일본의 식품첨가물 컨설턴트 **와타나베**
유지는, "만일 가공식품 중 가장 유해한 게
뭐냐고 묻는다면 햄과 소시지를 들겠다."고
말합니다. 그 이유는 바로 아질산나트륨이
들어 있기 때문입니다. 그는 "아질산나트륨
을 첨가물 가운데 가장 위험한 물질"이라고
정의 합니다. 지금도 햄과 소시지는 물론이
고, 단무지 등 가공식품에 거의 빠짐없이 아질산나트륨이 사용
됩니다. 이 첨가물은,

첫째, 선홍색을 발산시켜 먹음직스럽게 하고,

둘째, 잡맛(異味)을 덮어줌으로써 맛을 부드럽게 하고,

셋째, 식중독균 등 미생물 번식을 억제하여 보관성을 좋게
합니다.

아질산나트륨은 사실 독극물입니다. 사람의 경우, 0.18~2,5
g의 범위에서 사망할 수 있습니다. 이 성분은 육류식품을 먹을
때 필연적으로 들어오는 '아민' 성분과 결합하여 '니트로사민(nit
rosamine)'이라는 물질을 만듭니다. 이것은 세계보건기구에서도
발암 위험성을 경고하는 물질입니다. 동물실험을 보면, 0.3mg
을 한 번 투여로 간암이나 폐암이 발병 되었습니다. 그러니 우
리가 햄이나 소시지를 130g 정도 먹으면 암 발병이 가능한 농
도에 도달하게 된다는 말이지요.[86] 미국의 암연구가 **윌리엄 리**

---

86) 안병수, [과자, 달콤한 유혹] p.101-103

진스키(W. Lijinsky) 박사는 "미국인은 하루 약 1,000명이 암으로 숨진다. 그 중에는 아질산나트륨의 희생자가 가장 많다"고 주장하고 있습니다.87)

@코치닐추출색소

소시지, 딸기 우유와 같이 분홍색을 띠는 육가공식품에 많이 쓰이는 '코치닐추출색소'는 합성화학물질이 아닌 천연첨가물입니다. 이 색소는 콜타르에서 추출한 타르색소보다는 낫겠지만, 여전히 나쁜 색소입니다. 코치닐은 선인장에 기생하는 연지벌레를 건조하여 붉은 색을 내는 카르민산을 추출한 물질입니다. 이것은 알레르기와 장염을 일으킨다는 보고가 있습니다.

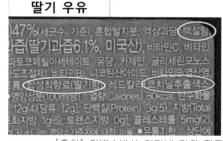

[출처] 안병수박사 인터넷 강의 자료

요즘 어린이들이 아주 좋아하는 '딸기우유'에 딸기가 거의 들어있지 않고, 보시는 것처럼 코치닐추출색소와 딸기향, 그리고 백설탕과 각종 식품첨가물로 범벅이 된 독극물입니다. 그래서 과잉행동장애를 일으키기 때문에 어린이가 먹는 식품에는 코치닐추출색소를 쓰지 말도록 권하고 있습니다. 어른 아이들이 다 좋아하는 '게맛살'도 역시 코치닐추출색소로 색깔을 냅니다. 이 게맛살을 탱글탱글하게 만드는 "인산염"도 문제입니다. 이것은 우리 몸에 늘 부족하기 쉬운 칼슘 배출을 촉진하여 칼슘결핍증(골다공증)을 일으키는 고약한 물질입니다. 이런 인산염에서

87) 안병수, [과자, 달콤한 유혹 2] p.83

푹 빠뜨린 게 그 탱글탱글한 "**단무지**"라니……

@치자황색소

'**치자**'는 노란 색을 내는 재료로 옛날부터 이미 쓰이던 치자나무열매입니다. 그러므로 치자열매 자체는 분명히 안전합니다. 그러나 치자황색소는 나쁜 색소입니다. 왜 그렇습니까? 언제나 '**추출**'이 문제이지요. 치자열매에서 추출한 게니포사이드라는 물질에는 간장독성이 있습니다. 동물실험을 해보면 간에서 출혈현상이 발견됩니다. 세포유전독성이 있습니다. 세포유전자를 바꾸는 돌연변이인데, 이게 바로 암이지요. 즐겨먹는 식품 가운데 이 치자황색소가 들어간 제품은 바나나우유, 단무지…입니다.

@카라멜 색소

세계최고의 청량음료는 콜라입니다. 700억달러! 마

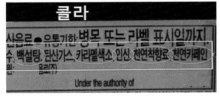

[출처] 안병수박사 인터넷 강의 자료

이크로소프트사를 앞서는 세계 최고의 콜라화사의 브랜드 가치입니다. 최근 들어 콜라의 유해성이 부쩍 자주 오르내리고 있습니다. 비만을 일으키고, 칼슘흡수를 저해하고 치아와 뼈의 골조직을 해친다는 사실과, 어린이에게 특히 해로운 카페인…들이 법정시비까지 일으키고 있습니다. 그러나 가장 크게 경계해야할 물질은 '**카라멜색소**'입니다. 비록 천연물질(전분)로 분류되지만, 화학 처리하는 제조과정에서 문제가 생깁니다. 이 색소는 유전자에 손상을 가할 수 있는 물질입니다. 무엇보다 2012년에 이 콜라에 들어있는 카라멜 색소에서 4-MI 발암물질이 검출되었다고 발표했습니다. 그래서 지금은 미국제품만 카라멜색소 대신에 다른 것을 사용한다고 합니다. 그러니까 소비자들이 깨어있

• 제품명 : 흑설탕
• 식품의 유형 : 기타설탕
• 원재료명 : 원당(카라멜)
• 내용량 : 1kg

어야 되는 이유이지요. 이 카라멜색소를 쓰는 제품으로는 흑설탕, 간장…들이 있습니다.88)

@글루타민산나트륨

미원으로 잘 알려진 '**글루타민산나트륨**(MSG)'는 소고기 국물처럼 깊은 맛을 내는 강력한 조미료입니다. MSG의 뜻을 풀어보면 Mono+ Sodium+ Glutamate 즉, 글루타민산과 나트륨이 결합한 겁니다. 이 글루타민산은 단백질의 아미노산 중 하나로써 뇌의 대사에도 쓰이는 물질이니, 적당히 섭취하는 게 좋습니다. 하지만 집에서 흔히 쓰는 다시마의 겉 표면에 있는 흰 가루에 MSG 성분이 충분히 있기 때문에 다시마를 사용하면 따로 먹을 필요가 없습니다.

그러나 화학조미료 MSG를 높은 온도에 가열하면 발암물질이 생기며, 과다 섭취하면 흥분독성물질 곧, 신경세포를 파괴한다는 동물 연구 결과가 있습니다. 정상 쥐

뇌의 시상하부 모습(흰쥐)
< 자료 : 'EXCITOTOXINS', R. Blaylock >

정상 상태 | MSG 투여 4일 후 (글루타민산 3g/kg 투여)

[출처] 안병수박사 인터넷 강의 자료

에게 MSG를 먹이고 4일 후에 다시 찍어보니, 뇌신경세포(검은

---

88) 안병수, [과자, 달콤한 유혹 1] p.108-110

색 점)가 많이 죽어 있는 것이 발견되었습니다. 한때 중국음식을 먹고 목과 팔다리가 마비되는 증상을 보여서 '중국음식증후군'이라는 말이 떠돌기도 했습니다. 망막을 손상시키고, 두통, 비만을 일으킨다는 보고도 있습니다.

MSG의 유해성과 무해성에 관하여 아직도 논란이 많습니다. 그러나 우리는 무해성을 주장하는 사람들이 누구인지 잘 살펴볼 필요가 있습니다. 대학교수가 그 말을 했다면 그 대학을 후원하고 있는 곳이 어디인지 살펴보면 그 저의가 보일 겁니다. 무엇보다 식품첨가물은 그 하나하나가 가지고 있는 문제보다 여러 가지가 복합되었을 때 어떤 문제가 생기느냐 입니다. 그런 실험은 아직 아무도 해 본적이 없다는 게 문제 중에 문제이지요.

@음식과 정신건강?

음식이 정신건강에 미치는 영향

중학생 1,169명(남 615명, 여 554명) 대상   후쿠야마시립여대 스즈키 마사코 교수

정신건강 상태＼ 학생그룹＼식생활	A (60명) 매우좋음	B (193명) 좋음	C (477명) 보통	D (198명) 나쁨	E (99명) 매우나쁨
울화	24.9%	40.4%	66.2%	91.0%	98.1%
신경질	18.1	17.7	33.0	55.4	77.3
초조	29.9	43.1	72.1	71.2	95.1
우울증	23.6	11.9	22.0	35.2	67.4
멍한 상태	15.0	9.8	21.0	20.2	70.5
자살 충동	8.2	8.8	8.9	14.6	26.2
현기증	3.3	11.9	14.0	40.4	80.9
집단 괴롭힘 피해	9.9	4.2	1.7	4.1	9.0
집단 괴롭힘 가해	1.7	1.6	1.0	8.7	28.7
등교 기피증	14.5	22.9	32.3	66.7	88.1

[출처] 안병수 선생 식품첨가물 강좌

일본 후쿠야마시립여대 **스즈키 마사코** 교수는 중학생 1,169명을 상대로 그들이 먹는 [**음식이 정신건강에 미치는 영향**]에

관하여 연구한 결과 먹는 것에 따라 상당하게 차이가 나는 것을 발표했습니다. 그들의 식생활에 따라 채식을 주로 하는 'A그룹'과 육식을 포함한 가공식품을 주로 하는 'E그룹'을 살펴보십시오. '울화증'은 A그룹은 60명 가운데 24.9%이고, E그룹은 99명 가운데 98.1%였습니다. '초조증'은 A그룹은 29.9%이고, E그룹은 95.1%나 되었습니다. '집단 괴롭힘 가해자'는 A그룹은 1.7%였고, E그룹은 28.7%이였습니다.

그리고 보니 풀을 먹는 짐승과 고기를 먹는 짐승의 성격이 다른 것과 같은 이치이지요. 그러니 육가공식을 버리고 생현미 생채식을 하는 것이 정신건강에도 얼마나 유익한지 잘 볼 수 있습니다. 더욱이 그리스도인으로서 불평불만, 혈기분노, 걱정 근심과 같은 감정을 잘 다스리는 하나님의 사람으로 살기 위해서라도 생현미 생채식을 하여야 마땅할 것입니다.

@식품첨가물, 무엇인가?

그렇다면 도대체 식품첨가물이란 무엇일까요? 그것은 그야말로 마법의 가루이지요.

"식품의 보존 기간을 늘려주지요."
"원하는 색상을 내줍니다."
"품질을 향상시킵니다."
"맛을 좋게 하지요."
"비용을 절감시켜 줍니다.

이런 첨가물만 있으면, 공장에서 생길 수밖에 없는 많은 고민거리들이 물거품처럼 사라집니다. 하지만 인체에 미치는 치명적인 해악, 이를테면 독성이 그것이었고, 나아가 우리 식탁을 붕괴시킨다는 사실 또한 큰 위협이 됩니다.[89]

[인간이 만든 위대한 속임수, 식품첨가물]의 저저 **아베쓰카사**의 말입니다. 그의 말을 좀 더 들어봅시다.

@미트볼 사건?

큰딸의 세 번째 생일날 나는 아내가 준비한 식탁에 앉아서 무심코 앙증맞은 미트볼을 한 개 집어서 입에 넣었다. 그 순간 나는 돌처럼 굳어졌다. 그 미트볼은 내가 직접 개발한 제품이었다. 그날 먹은 미트볼은 화학조미료, 증점제, 유화제… 등의 맛이 진동했다. 내가 공급한 첨가물들이다. 딸은 물론 아들까지 내가 만든 미트볼을 입 안 가득 물고 맛있다는 듯 오물오물 삼키고 있었다. "저, 저, 잠깐, 잠깐" 순간 내 몸에 소름이 끼치는 듯했다.

내 자부심의 상징인 "홈런 제품" 미트볼은 최하품 저질 잡육에 폐계(廢鷄)를 더하고, 대두단백을 섞어서 각종 식품첨가물에 버무려 만들었다.

그때서야 나는 알았다.
'나도 우리 가족도 소비자'라는 사실을…

---

89) 아베 쓰카스/안병수, [위대한 속임수, 식품첨가물] p.28

그래서 이튿날 나는 회사에 사표를 냈다.[90]

@육수의 제왕?

"좀 더 치킨 맛을 세게 해봐!"
"된장 맛을 좀 더 강하게 해봐!"
"뒷맛을 좀 더 강조하는 방법은 없을까?"

이런 모든 요구를 신기하게 해결하는 마법의 물질, 그것이 바로 '**천연육수**'라 불리는 '**단백가수분해물**'입니다. 이것은 탈지 대두와 동물성 부산물과 어분에서 염산으로 단백질을 분해하여 중화한 아미노산액입니다. '**염산**'이 무엇입니까? 그 자체가 독극물인데, 다른 물질과 결합하여 염소화합물을 만들어낸다는 것이 더 큰 문제입니다. 결국 단백가수분해물은 암의 원인이 될 수 있다는 얘기입니다. 이 맛의 마술사, 단백가수분해물을 주로 쓰는 식품은 라면 스프, 어묵, 치킨 스프, 스낵 소스, 붕어빵, 곰탕, 거의 모든 인스턴트식품…들입니다. '**맛의 황금트리오**'인 '**식염, 화학조미료, 단백가수분해물**'만 있으면, 맛은 그저 그만입니다.

아이들의 경계대상 1호는 '**단백가수분해물**'입니다. 왜 입니까? 일단 이 맛을 알고 나면 다른 맛과는 친해질 수 없습니다. 일종의 미각 마비 현상이 오는데, 이 문제는 오직 인공의 맛만을 고집하는 천연 일탈 현상으로 발전하게 됩니다. 무의식중에 익힌 잘못된 식습관은 첨가물의 독성이나 입맛의 왜곡문제 이상으로 심각한 폐해를 낳을 수 있습니다.[91]

---

90) 앞의 책 p.29-39
91) 앞의 책, p.137-147

@식품첨가물 대표?

"식품첨가물 이름은 어려워서 외울 수가 없어요." 많은 사람들의 하소연입니다. 그러나 간단합니다. 우리 부엌에서 주로 쓰지 않는 것은 다 식품첨가물입니다. 우리가 식품첨가물 박사가 될 필요는 없으나, 아주 흔히 나오는 이름 정도는 눈여겨 봐두는 것도 좋을 겁니다.

①화학조미료 : 글루타민산나트륨 = 감칠 맛.
②보존료 : 소르빈산칼슘 = 유통기간 늘림.
③산화방지제 : 아스코르빈산 = 변색, 산화 방지
④PH조정제 : 구연산나트륨 = 식품 보존성,
⑤유화제 : 글리세린지방산 = 물과 기름 혼합
⑥산미료(酸味料) : 젖산 = 상큼한 신맛[92]

@환경호르몬?

20세기 후반까지 인류는 약 300만종의 화학물질을 합성했습니다. 이것은 자연에 전혀 없는 물질입니다. 그중에서 산업분야에 사용 중인 것이 3만종입니다. 우리가 직접 식품에 사용하는 제품은 3,800종인데, 미국암협회의 집계에 의하면, 암 발생 시험을 제대로 받은 제품은 2,000종에 불과합니다.[93]

---

92) 앞의 책 p.166
93) 안병수, [과자, 달콤한 유혹] p.253

식품첨가물 옹호론자들은 "**소량 무해**"를 주장하고 있지만, 노벨상을 2번이나 받은 **라이너스 폴링** 박사는 "**한 분자도 해롭다**"고 딱 잘라서 말했습니다. 1분자는 1피코그램인데, 이는 1조분의 1이라는 숫자입니다. 쉽게 말해서, 정규 수영장을 가득 채운 쌀 중에서 한 톨을 가리킵니다.[94] 그래서 최근에는 "**단 한 입자의 노출**(One Hit)"에 의해서도, 한 개의 세포가 돌연변이를 일으켜 암으로 발전한다는 주장에 무게가 실리고 있습니다.

오늘날 대부분의 사람들은 하루에 식품첨가물을 평균 80가지나 섭취한다고 합니다. 그럼 여기서 식품첨가물이 가장 많은 식품을 알아봅시다.

5위 : 소시지 – 14가지 이상
4위 : 음료수 – 19가지 이상
3위 : 아이스크림 – 24가지 이상
2위 : 과자류 – 25가지 이상
1위 : 라면 – 48가지 이상[95]

@설탕, 왜 문제인가?

설탕은 식품위생법에 분명 사용량 제한이 없는 안전한 식품으로 등재되어 있습니다. 설탕은 사탕수수와 사탕무에서 분리한 천연당류가 맞습니다. 그런데 왜 설탕이 문제라고 계속해서 입에 오르내리고 있을까요.[96]

---

94) 앞의 책, p.248
95) 채널방송 : 나는 몸신이다.
96) 안병수, 앞의 책 p.136, p.141, p.144

①설탕 속에는 섬유질이 없다.

만일 우리가 과일을 그대로 먹듯이 설탕도 사탕수수에서 짜서 그대로 먹는다면 아무런 문제가 없습니다. 자연식품 속에는 항상 필요한 양의 **'섬유질'**이 있습니다. 이는 사실 우리 몸속에 살고 있는 100조 마리도 넘는 **'미생물'**들의 먹이와 거처 역할을 합니다. 캐나다 토론토대학 교수 데이비드 젠킨스 박사는 사과를 먹을 때 **<사과를 그대로 씹어 먹기>, <강판에 갈아 먹기>, <즙(주스)으로 먹기>**로 나누어서 사과를 먹은 후에 혈당치 변화를 측정해 보았습니다. 실험 결과에 의하면, 즙을 내서 먹는 경우 혈당치가 가장 빠르게 상승한 후 하락했고, 그대로 씹어 먹는 경우는 완만하게 상승한 후 서서히 하락하여 안정적으로 유지되는 것으로 나타났습니다. 사과를 그대로 씹어 먹는 경우는 자연스럽게 섬유질까지 섭취하게 됩니다.

②설탕 속에는 영양분이 없다.

설탕은 사탕수수에서 즙액을 많이 짜기 위해 석회가 가해지고, 이를 중화하는 과정에서 가열하고 농축합니다. 그렇게 농축된 액체에 흡착제를 첨가하여 불순물을 제거합니다. 그리고 마지막으로 이를 '재결정'하기 위해서 가열하고 더 농축합니다. 이렇게 두 번씩이나 가열된 설탕은 오직 설탕 맛 외에 다른 물질이 거의 없습니다.

이런 산성 물질 덩어리인 설탕을 소화하려면, 반드시 비타민 B가 동반되어야 합니다. 그런데 만일 비타민B가 충분치 않으면 역시 산성물질인 젖산이 만들어집니다. 이것을 중화시키기 위해서 우리 몸 곳곳에 있는 미네랄(칼슘, 크롬)을 동원합니다. 그 결과 **'칼슘과 크롬 결핍 현상'**이 나타납니다. 그래서 전문가들은 흔히 설탕을 **'백해무익 식품'**이라고 단언합니다. 정작 필요한 영영소는 하나도 없고 오직 칼로리만으로 이루어진 것, 그래서 오히려 힘들게 저축해 놓은 비타민과 미네랄이나 축내는 '천더기'가 바로 설탕입니다. 이런 설탕의 또 다른 이름은 정제과당, 정제포도당, 물엿, 갈색설탕, 흑설탕, 액상과당, 아스파탐입니다. 이것들은 골다공증, 저혈당 쇼크, 당뇨병, 암, 치매, 근시, 정신장애…들을 비롯한 각종 병의 근원입니다.

③유명한 인사들의 '설탕관'

"설탕은 근대문명이 제공한 최대 악이다."-뇨이치 의사
"설탕은 독극물로 분류해야 한다."-설탕연구선구자 코다 마틴 박사
"설탕은 마약이다."-식이요법연구가 세츠오 교수
"설탕은 범죄심리와 밀접한 관계가 있다."-정신건강치료사 샤우스 박사
"설탕은 독약이에요. 그걸 먹는 건 자살행위나 마찬가지죠."-스완슨 미국 여배우[97]

오늘날 가정주부들은 두 가지 점에서 경제성장에 크나큰 기여를 하고 있습니다. 하나는 무분별하게 가공식품을 소비함으로써 **식품산업**을 번창시켰다는 점이요, 또 하나는 가족을 질병에 걸리게 함으로써 **의료산업**을 발전시킨다는 점입니다.[98]

이 말은 현대인의 그릇된 식생활을 풍자한 말이지만, 전혀 터무니없는 말도 아닙니다. 이제는 돌이킬 때가 되었습니다.

---

97) 앞의 책, p.135-146
98) 안병수, 앞의 책, p.70

더 늦기 전에 여기서 돌아가십시다.
더 이상 먹음직하고, 보암직한 식품에 놀아나지 마십시다.
질병은 하나님의 음성입니다.
좀 더 무거운 경고음이 들리기 전에 돌이키십시다.
그 사람이 진짜 현명한 사람입니다.

@내 몸의 유익균?

우리 몸속에 사는 '**미생물**'은 약 500종이며, 거의 '**100조마
리**'나 상주(常住)합니다. 지구인구 7
0억에 100조를 곱하면, 도대체 미
생물의 숫자가 얼마 입니까? 그리
고 보니, 누가 주인인지 모르겠군
요. 이런 미생물 중에서 오로지 인
간 편에서 봤을 때, 인체에 이로운
미생물은 [**유익균**]이라고 하고, 인
체에 해로운 미생물은 [**유해균**],
몸에 살고 있지만 해를 끼치지도
유익한 기능도 하지 않는 미생물을
[**무해균**]이라고 합니다.99)

[출처] 김석진 [내 몸의 유익균]

여기서 잠깐, 우리 몸의 소장에서 미생물이 하는 일을 살펴
보십시다. 우리가 음식물을 먹으면 입과 위장과 췌장에서 소화
되고, 그 영양분을 흡수하도록 내려 보내는 곳이 '**소장**'입니다.
이 '**소장 벽**'에는 수많은 '**융모돌기**(장관문)'가 있습니다. 이 융
모돌기 표면에는 끈적끈적한 '**장점막**'이 있고, 그 속에는 우리

---

99) 김석진, [내 몸의 유익균] p.16, 33

몸의 거의 70% 이상의 '**면 역세포**'가 있어서 유해한 세균들이 침입하지 못하도록 방어선을 구축하고 있습니다. 그런데 그 장점막 표면을 덮고 있는 것이 바로 '**미**

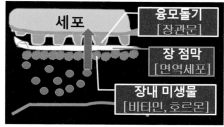

생물'이지요. 이들은 소화된 음식물을 다시 더 자잘하게 '**소화**' 하고, '**숙성**'시키고, '**발효**'하여서, 몸의 각 기관이 쓰기에 알맞도록 만들고, 또한 몸에 유용한 물질까지 만들어 냅니다. 심지어 그들은 우리 몸에 해로운 세균들의 침입을 사전에 차단하는 일까지도 하는 참으로 똑똑한 친구들입니다. 이렇게 '**유익한 미생물**'이 우리 몸에서 하는 일을 몇 가지 정리해 봅니다.

①장내 세포의 조직을 견고하게 한다.
②유해물질의 유입을 억제한다.
③비타민 B2, B3, B5, B12, 비타민K…를 생산한다.
④장의 연동운동을 도와서 변비와 설사를 낫게 한다.
⑤대장의 독소가 흡수되는 것을 막아서 간을 보호한다.
⑥장 점막에 바이러스나 유해균이 붙는 것을 방해한다.
⑦발암 물질에 붙어서 무력화하는 항암작용이 있다.
⑧김치 유산균은 암 환자의 통증을 감소시킨다.[100]

요즘 '**항생제**(Antibiotics)'의 반대말로 '**친생제**(Probiotics)'라는 말을 자주 씁니다. 이 '**프로바이오텍스**'는 그러니까 우리가 알고 있는 유산균, 청국장균, 된장균 김치균…들을 통칭하는 말입니다. 이런 프로바이오텍스가 장내에서 잘 살도록 그들이 좋아하는 먹이를 공급하는 것을 '**프리바이오텍스**(Prebiotics)'라고 합

---

100) 한형선, [푸드+닥터] p.99-103

니다. 또한, 이 미생물이 먹이를 먹고 만들어 놓은 비타민, 안토시아닌…들과 같은 물질을 '**바이오제닉스**(Biogrnics)'라고 합니다.101) 여기에서 우리가 주목해야 할 것은 유산균을 포함한 무슨 좋은 미생물을 공급하는 것도 중요하지만, 지금 우리 몸의 장(腸)속에 상주하고 있는 미생물이 무엇을 좋아하는지 알아서, 그들이 좋아하는 먹이를 충분히 공급하는 것입니다.

이런 미생물은 우리가 먹는 음식에 따라 그 삶의 양상이 완전히 달라집니다. 우리가 하나님께서 말씀하신 대로 '**씨 맺는 채소와 씨 가진 열매**'를 충분히 먹고 살면, 유익균의 먹거리인 섬유소가 풍성해지지요. 그러니 그들이 신바람 나서 자기 일을 충실히 감당하고, 무해균도 덩달아서 유익균에 동조합니다. 그러나 그 반대로 고기, 생선, 계란, 우유, 설탕을 많이 먹으면, 오히려 그런 음식을 좋아하는 유해균이 기승을 부리고 무익균도 거기에 빌붙어서 비만을 시작으로 각종 문제를 일으킵니다.

그런데 더 큰 문제는 항생제, 살충제, 농약, 식품첨가물로 범벅된 육가공식품을 무지막지하게 먹어대는 것과, 병원마다 과다하게 처방되는 항생제와 호르몬제입니다. 그로인해 몸속에 미생물이 거의 전멸하다시피 되고, 어떤 항생제에도 죽지 않는 '**슈퍼박테리아**'가 출몰하고 있다니…, 큰일이 아닐 수 없습니다. 오늘날 논밭에 농약을 하도 많이 쳐서, 땅속에 미생물이 거의 다 사라져서, 채소와 열매들이 제대로 된 영양소를 품고 있지 않습니다. 그래서 옛날에 먹던 사과 1알의 영양소를 얻으려면 지금은 무려 40개나 먹어야 한다는 말까지 들립니다.

그래서 요즘 뜻있는 농부들은 논밭에 미생물이 풍성한 채

---

101) 한형선, 앞의 책, p.109

소와 과일을 키우기 위해 '**유기농법**'을 넘어서 아예 '**자연농법**'을 추구하기도 합니다. 이처럼 우리도 이제 내 몸속에 살고 있는 미생물에게 눈길을 돌리십시다.

내 몸의 유익균이 잘 살도록 도와주십시다.

이 모든 장내 환경도 만드신 분의 아름다운 작품입니다.

우리도 이제 장내 환경을 살리는 '**천연농법**'을 하십시다.

우리 몸속의 유익균이 살아야 나도 삽니다.

그들과의 공생이 무너진 건강을 회복하는 지름길입니다.

제 8 장
암병 원인과 치유

그가 찔림은 우리의 허물 때문이요 그가 상함은 우리의 죄악 때문이라 그가 징계를 받으므로 우리는 평화를 누리고 그가 채찍에 맞으므로 우리는 나음을 받았도다(사 53:5)

제 8 장 : 암병 원인과 치유

[현대어] 그러나 사실은 여호와의 종이 우리의 온갖 질병을 대신하여 앓고 우리가 당해야 될 고통을 대신 당하였다. 그런데도 우리는 그가 천벌을 받아서 고난을 당하는 것으로 생각하였다.(이사야 53:4)

1971년 미국의 닉슨 대통령이 암과의 전쟁을 선포하고, 무려 20조 달러 이상의 어마어마한 자금을 투입하였지만, 40여년이 지난 2008년에 '**암과의 전쟁에서 패배**'를 선언했습니다. 미국의 과학자들은 "암의 발생과 확산과 전이의 과정을 도무지 알 수 없다. 추적하면 할수록 미궁에 빠진다."며 백기를 들었습니다. 그래서 미국의 암환자들은 현대의학만으로는 암을 치료할 수 없다는 판단 아래, 대체요법 60%와 현대의학 40% 비중으로 치료에 임하고 있습니다. 일본 의학계에서도 현대의학으로는 암을 극복 할 수 없다고 판단하고, 다른 대안을 찾고 있다고 합니다.102)

@조기 암 진단?

요즘 '**건강검진, 조기진단**'이라는 말이 많이 얘기되고 있습니다. 나라에서 하는 건강진단은 반드시 받아야지요. 그리고 그 다음이 문제입니다. 건강진단을 받고 어떤 암 발견 통보를 받으면, 그때부터 그 사람은 암환자가 됩니다. 사실은 그 사람이 암 진단 통보를 받기 훨씬 이전부터 이미 암환자였지요. 그런데 그 전까지 멀쩡하던 사람이 그때부터 두려움과 공포에 휩싸여서

---

102) 윤태호, [암 산소에 답이 있다] p.21

자신을 통째로 병원 의사에게 맡겨버립니다. 의사가 무슨 약을 쓰는지, 무슨 주사를 왜 맞게 하는 지, 부작용은 없는지 전혀 살펴볼 엄두도 못 냅니다. 그래서 건강 검진은 "의사들에게는 치료를 기다리는 환자야말로 숨어 있는 금광103)"이라는 말까지 있습니다. 조기 발견의 진정한 수혜자는 환자가 사망하기 전까지 더 오래 치료기간을 확보할 수 있는 의료서비스 제공자입니다. 이는 환자들이 더 자주 의사를 방문해서 더 많은 검사를 받고, 더 오래 병원에 입원하게끔 할 수 있다는 말입니다. 미국 암협회는 희망을 팔고 있지만, 안타깝게도 이들이 파는 건 항상 거짓 희망입니다.104)

@암(癌 ; cancer), 무엇인가?

암(癌)이란 한자를 자세히 보면, 잘못 먹은 것 3가지가 산처럼 쌓였다는 뜻을 품고 있습니다.

①**잘못 믿은 삶** : 불신, 미신, 우상숭배⋯⋯
②**잘못 생각한 삶** : 죄, 스트레스⋯⋯
③**잘못 먹은 삶** : 나쁜 식생활⋯⋯

그렇습니다. 모든 사람은 매일 암세포가 5,000~10,000개씩 생깁니다. 그렇다고 모두 다 암환자가 되는 건 아닙니다. 왜 그렇습니까? 창조주께서 우리 몸속에 미리 만들어 둔 면역세포가 변질된 암세포를 정확하게 찾아내어 모조리 제거하기 때문입니다. 우리 몸속에 있는 T임파구가 만드는 항암제는 다른 정상세포에게는 전혀 해가 없는 완벽한 '**천연항암제**'입니다. 그런

---

103) 안드레아스 모리츠/정진근 [암은 병이 아니다] p.57
104) 존 로빈스, [육식-2] p.84

데 언제인지 모르지만, 그 어느 날부터 천연항암제 생산이 멈추어 버리고 맙니다. 무슨 일이 일어난 걸까요? 그것은 암(癌)이라는 한자에서 본 것처럼, 그렇게 욕심 사납게 잘못된 삶이 산처럼 내면에 쌓였기 때문입니다. 그래서 면역세포가 꺼지고, 이중 삼중으로 잠가놓은 암 유발 유전자가 열리고, '1Cm(약 10억 개)' 이상으로 자라서, 마침내 암환자라는 판정을 받습니다.

오직 각 사람이 시험을 받는 것은 자기 욕심에 끌려 미혹됨이니 욕심이 잉태한즉 죄를 낳고 죄가 장성한즉 사망을 낳느니라(야고보서 1:14-15)

@암을 일으키는 스위치, 무엇인가?

미국 코넬대학 영양학 교수, 미국암연구협회 회장을 역임한 **콜린 캠벨** 박사가 20년간 수행한 연구의 결론, [**무엇을 먹을 것인가**]에는 우리가 영양식으로 알고 있는 고기, 생선, 계란, 우유에 풍부한 단백질이 암 발생을 껐다 켰다하는 '**암 발생 스위치**' 역할을 한다는 것입니다.

이 책은 동물성 단백질 섭취를 줄이고, 가공되지 않은 식물성 식품을 섭취하면 암뿐만 아니라 대부분의 만성질환들(뇌심혈관질환, 당뇨병, 자가면역질환, 골다공증, 치매……)을 퇴치할 수 있다는 것을 보여줍니다. 현미의 경우 8%정도의 단백질이 있습니다. 그러므로 현미에 채소와 과일만 먹어도 단백질은 결코 부족하지 않습니다. 지금까지 수백만 명이 암으로 목숨을 잃었습니다. 이제, 암 발생 스위치를 끌 때입니다. 교훈을 얻기 위한 희생은 이미 충분합니다.105) 미국의 암 연구가 **윌리엄 리진스키** 박사는 "대부분의 암은 30-40년 전에 먹은 음식이 원인"이라고 주

장한 바 있습니다.106)

　　암은 몸속의 장기나 기관 일부가 '산소 결핍' 상태가 되었을 때, 세포들이 돌연변이를 일으켜 악성 세포로 바뀌지 않으면, 세포 자신이 죽을 수밖에 없는 상황에서 발생합니다. 노벨생리의학상을 받은 **바르부르크** 박사의 말입니다.

　　"우리 몸의 세포들이 산소 호흡 대신에 무산소성 세포 호흡으로 바뀌는 것이 바로 암의 원인이다."107)

　　"산소 부족은 정상세포가 악성세포로 바뀌는 데 있어 확실히 중요한 역할을 한다." - 해리 골드브랫

　　좀 쉽게 말하면, 우리 몸의 정상세포들은 산소를 받아서 번식하는데 반해, 암세포는 산소 없이도 번식한다는 겁니다. 왜 이런 일이 벌어질까요. 그것은 우리 몸에 모든 세포가 쓰기에 충분한 산소가 공급되지 않으니, 세포가 살아남기 위한 비상조치(돌연변이)를 취한 셈이지요. 농촌들녘에서 물을 좋아하는 풀이 자랄 수 없을 정도로 메마르면, 물을 싫어하는 풀이 그 자리를 무성하게 채우는 이치와 같은 것이지요. 그러니 제발 암과 싸우려고 과격한 치료를 받기에 앞서서, 먼저 산소가 부족한 열악한 환경에서 살아남기 위해 몸부림치는 그들의 노고를 치하하며 고마워해야 합니다. 사실 그렇지요. 물이 없어 바짝 마른 땅에

---

105) 콜린 캠벨/ 유자화, [무엇을 먹을 것인가] 감수의 말-이의철 p.15, 18
106) 안병수, [과자, 달콤한 유혹 2] p.83
107) 안드레이스 모리츠, 앞의 책 p.119 호기성(好氣性) : 산소를 좋아하는 성질, 혐기성(嫌氣性) : 산소를 싫어하는 성질

물 없이 살 수 있는 풀이라도 자라는 것이 헐벗은 땅 그대로 있는 것보다 얼마나 좋습니까? 그래서 암을 치유하는 첫 단추는 '감사'입니다. 또한 암은 "너 **그렇게 살면 안 돼! 빨리 돌이켜요. 제발!**" 하고 부르시는 우리 몸을 만드신 분의 목소리(신호)입니다.

그러니 무엇보다 하나님께 감사하는 기도를 올리십시다.
그리고 물을 좋아하는 풀이 잘 자랄 수 있도록,
물을 충분히 공급해야 하는 것과 마찬가지로,
산소를 충분히 공급하는 길을 찾아서,
과감하게 실행하면 다 잘 될 겁니다.

@정상세포 → 종양 세포 발생

정상 세포가 비정상 세포가 되고, 정상 염색체가 비정상 염색체가 되고, 정상 유전자가 비정상 유전자가 되는 것이 병입니다. 그런데 창조주께서 우리를 만드실 때 그것이 그리 쉽게 변질되도록 만들지 않았습니다. 우리 몸의 모든 세포에는 변질을 방지하는 프로그램이 저장되어있습니다. 먼저는 **[종양 억제 유전자; P53]**입니다. 이것이 세포의 변질을 막는 1차 방어선이요 이것이 꺼지는 것이 모든 질병의 시작이지요. 다음은 **[세포 자살 유전자; 아포토시스**(apoptosis)**]**입니다. 이것은 변질된 세포의 자살을 유도하는 2차 방어 프로그램이라고 할 수 있습니다. 그 다음은 **[자연 항암 유전자; NK세포]**입니다. 이것이 변질된 세포를 잡아 죽이고 자신도 마침내 장열하게 전사하는 우리 몸을 지키는 최후의 프로그램입니다. 이 세 가지 프로그램은 그리 쉽게 무너지지 않습니다. 이것이 다 꺼지기까지는 적어도 5년 내지 10년 이상 걸립니다. 그러니까 이 세 가지 프로그램을 모두

다 끄기 위해 거의 10년 동안이나 애쓰고 힘쓰며 온 정성을 다한 결과가 암환자 진단입니다. 이제 이를 하나하나 살펴보십시다.

①종양 억제 유전자(P53)

세포의 모든 유전자에는 창조주께서 미리 만들어 놓으신 **종양억제 단백질, P53**'이 있습니다. 이 P53은 염색체 속에 함께 있는 각종 세포들이 증식하는 것을 조절하는 시스템입니다. 예를 들어 유방암이 발현되

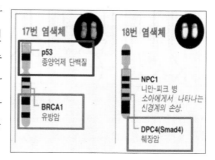

면, 아예 종양상태에서 P53이 그 종양세포에게 정지명령을 내립니다. 그런데 그 종양세포가 P53의 정지신호를 무시하고 계속 자라면, 결국 유방암으로 발전하게 됩니다.

미국의 로마린다의대의 **이준원** 박사는 이를 한눈에 볼 수 있도록 그림으로 표현했습니다. 그에 의하면, 세포들은 서로의 정보를 주고받으면서 분열을 합니다. 그러다가 P53이 정지 신호를 보내면 즉각 성장을 멈춥

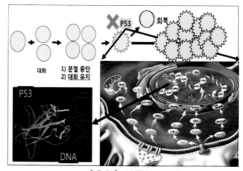

[출처] 이준원 박사 인터넷 강의

니다. 그래서 눈도, 코도, 팔도, 다리도 이처럼 예쁜 모습을 하고 있지요. 마찬가지로 세포에 어떤 종양이 생기면 P53이 더

이상 증식 하지 말라는 신호를 즉각 보냅니다. 이 신호를 알아 듣고 세포분열을 정지하면 그 세포는 정상으로 회복됩니다. 그러나 P53이 제대로 신호를 보내지 못하거나, 제대로 보낸 신호를 그 종양 세포가 정확하게 감지하지 못하게 되면, 달리던 자동차의 브레이크가 파열된 것처럼, 무제한으로 증식하게 됩니다. 그것이 암(癌)이지요. 그래서 암을 '통제되지 않는 성장(uncontrolled growth)'108)이라고도 말합니다.

그러니 P53의 활성화는 너무나 중요합니다. 이를 위해서 우리가 해야 하는 것이 체외와 체내의 환경을 바꾸는 삶입니다. 쉽게 말해서 생활습관 개선이지요. 바르게 믿고, 바르게 생각하고, 바르게 먹으면서 낮에는 일하고, 밤에는 자고, 일주일에 하루는 온전히 안식하는 삶이 창조주께서 만드신 P53을 활성화시키는 최선의 길입니다.

②세포 자살 유전자(apoptosis)

우리 몸속에 있는 세포에는 참 신비한 프로그램이 또 있습니다. 그것은 면역세포 가운데 하나인 [T세포]입니다. 이것은 몸 곳곳을 돌아다니며 변질된 세포를 감별하고 처리하는 기능이 있습니다. 그래서 T세포는 이상한 세포를 만나면 즉각 암세포 여부를 감별합니다. 그렇게 인식하고도, 그는 체내 환경에 따라서 전혀 다르게 반응합니다.

무슨 말인가 하면, 체내환경이 암세포가 살기에 유리한 환경이면, T세포는 암세포를 보고도 건드리지 않습니다. 그러면 암세포가 기승을 부리며 자라겠지요. 경찰력이 약화되면 깡패들

---

108) 이희대 [희대의 소망] p.39

이 설치는 이치와 같은 거지요. 그런데 반대로 내면 환경이 바뀌어서 암세포가 살기에 불리한 환경이 되면, 암세포는 슬그머니 자살하고 싶다는 의사표시(B7)를 T세포

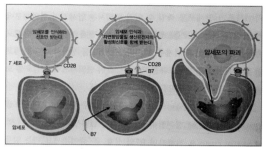

[출처] 이상구, [질병을 다스리는 DNA]

(CD28)에게 전달합니다. 이 '자살신청서'를 접수한 T세포는 그 때서야 활성화 되어서 암세포에 구멍을 내고, 천연항암물질을 주입시켜서, 암세포의 자살을 도와줍니다. 이것이 [세포자멸사(apoptosis)]입니다. 참 신비롭고 질서 정연하지요. 우리네 의사들이 암세포를 대하는 태도와 많이 비교가 되지요. 누가 이런 아름다운 프로그램을 우리 몸속에 만들어 놓았을까요. 예, 우리를 만드신 분의 솜씨지요. 할렐루야!!109)

③천연 항암 유전자(NK세포)

면역세포 가운데는 T세포만 있는 것이 아닙니다. 그 유명한 [NK세포(Naturel Keller)]가 있습니다. 우리 몸에는 하루에 5,000개 이상의 암세포가 생긴답니다. 5,000개만 잡아도 한 시간에 208개 이상이 생기고, 1분에 3개 이상의 암세포가 지금 이 글을 읽고 있는 이 시간에도 내 몸 어딘가에는 돌연변이 암세포가 생기고 있다는 뜻이지요. 그런데 여러분은 이런 암세포가 지금 이 시간에 어디에서 생기는지 알고 있습니까? 아마 아무도 모를 겁니다. 그런데 NK세포는 비정상 세포가 있는 그 위치를 정확하게 알고, 정확하게 찾아가서, 정확하게 식별하여,

---

109) 이상구, [질병을 다스리는 DNA] p.33-34

정확하게 구멍을 뚫고,
**'부작용이 하나도 없는
천연항암물질'**을 정확하
게 주입하여, 정확하게
파괴합니다.110)

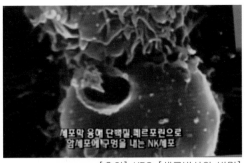

다시 묻지 않을 수
없군요.

[출처] KBS [생로병사의 비밀]

누가, 무엇 때문에, 왜 이처럼 오묘하게 만드셨나요.
창조주께서 그리하셨지요.
자신의 분신(分身)이 병들어 사는 꼴을 볼 수 없어서…
사랑, 그래요! 조건 없는 사랑이지요.

"애들아! 병들지 말고 잘 살아라. 제발!!"

@암 진단과 치료 문제점?

암1기 : 종양이 작은 초기 암 판단
암2기 : 종양이 작고 주위 임파절까지 퍼지지는 않은 상태
암3기 : 종양이 크고 인접한 장기에 퍼진 상태
암4기 : 종양과 떨어져 있는 다른 장기까지 전이된 상태

양성 종양에도 1, 2, 3, 4기가 있으며, 그것이 점점 악성종
양 1, 2, 3, 4기로 변질되다가 마침내 **'영(0)기암'**이 됩니다. 영
기암은 1Cm도 안 되는 암이며, **'상피내암'**이라고도 합니다. 그
런데 사람들은 영기암이 진단되면 천만다행이라고 생각하고 얼

---

110) KBS [생로병사]- YouTube 동영상

른 수술해 버리고, 얼마 후에 의사로부터 완치판정을 받고, 놀
란 가슴을 쓸어내립니다. 그래서 친구들과 만나서 한 잔…, 또
는 하나님께 감사헌금하고 파티……!

자, 물어봅시다.
정말로 끝났습니까?
내 몸의 면역력은 이미 파괴되어 있는 데,
겨우 1Cm 미만의 암세포 몇 개를 수술한 것으로,
과연 완치되었을까요?
그보다 더 작은 암세포가 더 없을까요?

[암치료전략학교장] 류영석 박사의 말입니다.

"어떤 장기에 1Cm
이상의 암세포가 발
생했다면, 사실 다
른 장기에도 이미
깨알만한 암세포가
자라고 있다는 겁니
다. 그런데 사람들은 그곳에 있는 몇 개의 암 덩어리를
제거하고 다 된 줄 알고 있어요. 아니지요. 근본 원인을
찾아서 제거하여야 진정한 치유가 됩니다."

[출처] 암치료전략학교 류영석 박사 강의

@3대 표준치료와 항암치료 실상

현대병원에서 암을 치료하는 방법은 크게 3가지입니다.

①외과요법 : 칼로 암과 그 주변을 도려내는 수술입니다.

이에는 반드시 신체 훼손, 상처, 출혈, 전이의 위험이 따를 수밖에 없습니다.

②**방사선요법** : 방사선을 쪼여서 불로 태우는 방법입니다. 이에는 정상 세포까지 손상하는 경우가 필연적으로 따릅니다.

③**화학요법** : 항암제라는 독약을 먹거나 맹독성 독극물을 주사 맞는 방법입니다. 이에는 탈모, 구토, 식욕부진, 정상세포의 손상과 면역력 저하를 막을 수 없습니다.

쉽게 말해서 '**째고, 태우고, 끼얹는**' 게 전부입니다. 이런 전형적인 치료는 유전자의학이 알려지기 이전에 하던 방법인데, 여전히 이 방법을 계속 고수하고 있다니…, 그 의도가 심히 의심스럽기만 합니다. 그래서 많은 뜻있는 의사들이 이런 방법으로는 치료되지 않을 뿐만 아니라, 환자의 삶의 질을 높이는데도 전혀 도움이 되지 못했다고 양심선언을 하고 있습니다. **이상구 박사, 전홍준, 곤도 마코트 박사……**

암을 치료하는 과정을 잠깐 생각해 보십시다. 어떤 사람이 암 진단을 받았습니다. 크기가 5Cm입니다. 항암제를 투입하여 2Cm로 줄었어요. 그러나 면역력이 너무 떨어져서 몇 달 쉰 후에 다시 검진해보니 4Cm로 커졌어요. 그래서 다시 똑같은 항암제를 투여하지만 그것들은 끄떡도 하지 않아요. 왜 입니까? 그들은 그 지독한 항암제에서도 살아남은 독종들이니까요. 그래서 더 독한 항암제를 쓸 수밖에 없지요. 그래서 더 독한 항암제를 투여하였는데, 겨우 3Cm밖에 줄지 않고 체력은 바닥이 났습니다. 할 수 없이 다시 몇 개월 쉬는 동안에 독종 중에 독종들이 6Cm로 커졌습니다. 여기까지가 [**일반항암치료과정**]입니다.

그 때 의사들은 말합니다. 지금까지와는 다른, 좀 더 확실한 [**표적항암치료**]를 해보자고요. 그러면 환자들은 의사의 말을 신(神)의 말씀처럼 믿고 다시 시작합니다. 표적항암제를 투여하여 6Cm가 4Cm가 되고, 조금 쉰 후에 다시 하니 2Cm가 되었어요. 그래서 얼마쯤 쉰 후에 큰 기대를 걸고 다시 해보니, 도로 6Cm가 되고 말았습니다. 도대체 무슨 일이 일어난 걸까요? 그래요. 그새 내성이 생겨서 더 이상 손을 쓸 수 없게 되고 말았습니다.

그쯤에 의사가 마지막으로 권하는 게 있지요. 무엇인지 아십니까? 바로 [**임상실험약치료**]입니다. 그 말인즉 실험대상이 되어달라는 거지요. 저의 어머님이 임파선 암으로 서울대학병원에서 투병하실 때, 실제로 경험한 일입니다. 그러나 이쯤 되면 환자가족은 지푸라기라도 붙잡는 심정으로 거기에 또 희망을 걸고 매달려봅니다. 이것이 오늘날 항암치료의 현주소입니다.

저는 김OO(32세)입니다. 6년 전에 초음파에서 유방에 무엇이 발견되어서 상피내암 진단을 받고 부분절제수술과 방사선 치료를 받았어요. 어릴 때라 초기에 발견된 것을 오히려 감사하며 무심하게 넘겼습니다. 그런데 3년 뒤 정기 검사에서 임파선암이 발견 되었답니다. 그래서 항암치료 8회와 방사선치료를 받았어요. 2년 후에 검진에서는 다시 유방암이 재발하여 또 항암치료를 6번이나 겨우 겨우 받았습니다. 그런데 올 6월에 다시 검진해보니, 이제는 폐에까지 전이되었답니다. 의사가 이제는 다른 항암제를 써보자고 하기에 의사에게 당돌하게 물어보았지요. "면역력이 튼튼해야 한다는데, 항암제를 자꾸 쓰면 면역세포가 죽잖아요." 그때서야 "사실은 항암제로는 암을 치료하지 못해요, 다만 연장시킬 뿐…"이라고 의사가 솔직히 말해 주었습니다. 그래서 항암치료를 포기하고 생활습관을 바꾸기로 했어요.111)

@완치율 : 생존율

여기서 잠깐 완치율과 생존율을 알아보십시다. 환자들은 언제나 심각하게 의사들에게 묻습니다. "이 암의 **완치율**이 얼마나 되지요?" 그러면 의사들은 정색을 하고 답합니다. "이 암의 **생존율**은 00% 정도 됩니다." 무슨 말입니까? 환자들이 묻는 "완치율"은 더 이상 암병이 재발되지 않고 완전히 치유되는 치유율을 알고 싶은 거지요. 그러나 안타깝게도 그런 자료는 어디에도 없습니다. 그렇다면 의사들이 말하는 '**생존율**'은 무엇입니까? 그것은 "**병원에서 제공하는 치료를 받으면서 5년 동안 살아 있을 확률**"을 말하지요. 그러니까 환자가 5년을 지나서 단 하루를 더 살다 갔어도 생존율에 포함됩니다.

그런데 국립 암센터에 의하면, 우리나라의 암 5년 생존율은 1995년에 41%, 2010년에 **64.1%**로 높아졌다고 자랑합니다. 그러나 그 통계에는 심각한 오류가 있습니다.

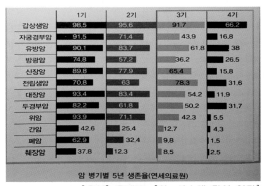

	1기	2기	3기	4기
갑상샘암	98.5	95.6	91.7	66.2
자궁경부암	91.5	71.4	43.9	16.8
유방암	90.1	83.7	61.8	38
방광암	74.8	57.2	36.2	26.5
신장암	89.8	77.9	65.4	15.8
전립샘암	70.8	63	78.3	31.6
대장암	93.4	83.4	54.2	11.9
두경부암	82.2	61.8	50.2	31.7
위암	93.9	71.1	42.3	5.5
간암	42.6	25.4	12.7	4.3
폐암	62.9	32.4	9.8	1.5
췌장암	37.8	12.3	8.5	2.5

암 병기별 5년 생존율(연세의료원)

[출처] 윤태호, [암, 산소에 답이 있다]

요즘 진단기술이 발달되어서 조기암(0기, 1기)을 찾아내어 좀 일

---

111) [출처] 이상구 박사가 하는 뉴스타트 강의 중에서 간증한 내용.

찍 치료한 수치이지, 암 치료 기술이 발달한 것으로 볼 수 없습니다. **연세의료원의 [암 병기별 5년 생존율]** 자료에서 3~4기 암의 5년 생존율을 보면 분명히 알 수 있습니다. 이런 자료도 암으로 투병하는 사람들의 삶의 질은 전혀 계산에 넣지 않은 그냥 통계일 뿐입니다. 2004년 이후부터는 보건복지부에서 암 환자들이 실망할까 봐 아예 그 통계조차도 만들지 않는다고 합니다.112)

@이희대 - 암환자를 위한 십계명

① 찬양하며 운동한다
② 욕심을 버린다
③ 암 5기는 있어도 암 말기는 없다
④ 암은 축복이다
⑤ 꿈을 꾸자
⑥ 암을 전셋집으로 만들자
⑦ 섬김을 받기보다 오히려 섬기는 삶을 실천하자
⑧ 새 생명의 소망을 갖자
⑨ 씨 맺는 채소와 씨 있는 열매를 먹자
⑩ 감사 기도를 드리며 기쁜 마음을 갖자113)

영동세브란스병원 암센터장 '**이희대 박사**'가 만든 [**암환자를 위한 십계명**]입니다. 그는 2003년에 대장암 2기라는 진단을 받았습니다. 그는 곧 대수롭지 않게 수술을 하고 얼마 후 병원의 기획실장 자리를 제안 받고 덜컥 수락해 버렸습니다. 중책을 맡아 동분서주하다가 다시 검사해보니 다발성 전이가 되어서

---

112) 윤태호, [암, 산소에 답이 있다] p.25-26
113) 이희대, 앞의 책 P.233

졸지에 4기 암환자가 되었습니다.

생존율 20% 아니 5%……
짧으면 6개월에서 1년, 길면 2년
정도……
다리에 힘이 쭉 빠지고 하늘이 무
너지는 것 같았다.
이제는 골반에까지 전이 되어 항
암제와 방사선으로 버티다가 결국
골반(환도뼈)을 수술하였다.

그는 절름절름 걷는 자기 모습을 생각하며 성경에 나오는
야곱을 떠올리지 않을 수 없었답니다. 장자권 욕심, 아내 욕심,
재산 욕심, 내가 바로 욕심 많은 야곱이었습니다. 하나님께서는
내게도 그 욕심을 다 내려놓기를 원하셨습니다. 그래서 그는 결
단했습니다. 항암제를 중단하고 모든 욕심을 내려놓는 삶을 꾸
준히 실천했습니다. 6개월쯤 지나 CT 촬영을 해보니, 놀랍게도
간에 전이된 암 덩어리들 중에서 어떤 놈은 커지고 어떤 놈은
줄어들었습니다. 희망의 기운이 다시 밝아오기 시작했지요.

4기를 말기로 표현하지 말자.
4기 암도 기적의 하나님 안에 있으면 나을 수 있다.
4기는 끝이 아니다. 생명의 5기가 있다.
생명의 5기란 하나님의 생기로,
다시 호흡을 찾는 것이다.
우리 몸 세포에 최소 단위 원자의 속은,
대부분 비어 있다고 한다.
바로 그 빈 공간에 하나님의 생기를 채워 넣어야 한다.

내 세포의 빈 공간에,
생기를 불어넣어 세포를 바꿔야 한다.
성령님의 도우심으로 생명의 기를 호흡한다면,
우리는 얼마든지 죽음의 4기를 극복하고,
생명의 5기를 살 수 있다.
생명 5기의 밧줄을 든든히 붙잡고
십자가 부활과 연합하라.
그때 비로소 4기를 버티고 이겨 내는
생명의 5기, '오기인생'을 살 수 있다.

그 후 그는 무료 의학 상담과 환자 예배를 드렸습니다.
간증집회와 환자 전도를 하면서 참 많이 좋아졌습니다.
그런데 또……,
다시 수술……,
아………………

@암치료 평가

*살 수 있는 사람이 오히려 죽어가고 있다. - 프레드릭
*암이 다시 심각해지는 것은 시간문제다. - 브라이언 프
랜스킨
*우리는 지난 수십 년 동안 속았습니다. - 다니엘 헤니
*유방암의 재발은 수술 때문이다. - 레츠카
*아무리 잘라내도 낫지 않아 결국 메스를 버렸다. - 야
야마 도시코
*항암제는 증암제다. - 일본후생성
*암 전문가들이 줄줄이 암으로 사망했습니다. - 후나세
슌스케114)

@새로운 암치료방법, 그 문제점?

요즘 의료계에서 [면역요법]이라고, NK세포를 체외에서 배양하여 주입하는 기술이 활발하게 개발 중이고, 또 어떤 곳은 [5종복합면역요법]이라고, NKT세포, NK세포, 감마.델타-T세포, 킬러-T세포, 수지상세포, 이렇게 5종을 함께 배양하여 주입하는 방법을 선전하고 있습니다. 또한 [줄기세포요법]이라고, 줄기세포를 체외에서 배양하여 주입하는 방법이나 [유전자 가위요법]이라고, 유전자에서 질병을 유발하는 부분을 가위질 하는 방법까지 등장하여 환자들에게 희망을 잔뜩 불어넣고 있습니다. 그러나 **문제는 환자의 외부와 내면의 환경이지요.** 환경이 바뀌지 않았는데, 아무리 치료해도 그것이 얼마나 가겠습니까? 환경이 바뀌지 않는 한, 다시 재발할 수밖에 없다는 것은 자명한 사실입니다.

@영양학과 암?

날마다 1,400명의 미국인이 암으로 죽어갑니다. 암 연구자들이 조사한 책에 의하면, "지금 우리는 암유발 위험요인 가운데 식생활과 영양보다 더 중요한 요인은 없다는 증거를 확실하게 갖고 있다."고 결론을 내렸습니다. 미국 상원특별위원회에서 암 예방 권위자인 **지오 B. 고리** 박사가 한 증언입니다.

"영양학 이외의 다른 어떤 분야도 암을 비롯한 여러 질병의 예방과 통제, 나아가 인간의 건강과 그 유지를 약속하지는 못하는 것 같습니다. 최근까지도 일상 식단의 영양소 불

114) 윤태호 앞의 책, p.22-24

균형이 암과 심장혈관질환을 야기하는 것 같다고 말하면 눈썹을 치켜 올리는 사람이 많습니다. …… 그러나 오늘날 이런 생각은 단지 가능성에 그치지 않고 거의 확실하다는 증거가 엄청나게 쌓여 있습니다. …… 식생활 요인 가운데서도 특히 육류와 지방의 섭취가 가장 중요한 요인입니다.

그런데 상원의원들은 "**육식과 지방이 암 유발 요인**"으로 밝혀진 것에 대해 그리 기뻐하지 않았습니다. 그래서 '연방 통상위원회'에서 중립적인 전문가의 도움을 구했지요. 하버드대 영양학자 **마크 헥스테드** 박사의 증언 내용입니다.

"제 생각으로는 미국인들의 식생활이 심장질환을 유발하는 요인인 건 명백한 듯합니다. 그리고 그러한 식생활이 유방암과 대장암 같은 다양한 종류의 암을 유발한다는 지적 역시 타당하다 생각됩니다.……"115)

1. 육류와 대장암?

"육류와 지방을 많이 섭취하는 사람은, 채식가와 육류를 별로 섭취하지 않는 사람들보다 대장암에 걸릴 확률이 높다"는 발표에 대해 육류업계는 유전인자가 핵심 원인이라고 반격을 가했습니다. 이에 '전국 암 기관'의

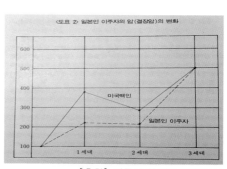

[출처] 미국상원영양문제보고서

존 버그 박사팀이 진실을 밝혀내기로 작정했습니다. 그들은 미

115) 존 로빈스/손혜숙, [육식-2] p.87-88

국에 이민을 와서 미국식 식사를 하는 '**일본인**'을 주목했습니다. 그 결과, 일본 본토에 사는 사람들보다 이민 온 일본인들 중에서 1세대보다 미국에 사는 기간이 길어지는 3세대가 이웃 미국인들의 대장암(직장암)에 상응할 만큼 발병률이 높아져 있다는 것을 발견했습니다.116)

육류업계의 반발을 잠재우기 위해, 육류 외에 119가지의 특별히 선별된 식품의 섭취패턴과 대장암 발병률 간의 상관관계를 세세히 조사해 본 후에 **버그** 박사가 쓴 글입니다.

"소고기와 돼지고기, 닭고기의 위험도는 모두 그 섭취 빈도에 따라 높아지고 있다. 이들을 모두 합해서 그림으로 나타내면 육류 섭취량과 대장암 발병률이 서로 정비례 관계임을 볼 수 있다."117)

여기에 하나 더 집고 넘어가야 하겠습니다. 그것은 '**섬유소 섭취량**'입니다. 식단에서 섬유소 섭취가 적으면 적을수록 대장암에 걸릴 확률도 더 높아진다는 겁니다. 섬유소는 대장을 따라 내려가면서 노폐물을 깨끗이 쓸어주는 빗자루 같은 역할을 합니다. 섬유소가 없다면 노폐물이 장을 꽉 막아버리고 맙니다. 섭취된 동물성 지방은 36.5도의 체온상태에서는 굳어집니다. 노폐물이 대장에 너무 오랫동안 머물게 되면, 그 만큼 수분을 대장 벽이 흡수해 버려서, 변비가 생길 수밖에 없지요. 통계에 의하면, 우리가 대장암으로 사망할 가능성은 지방을 더 섭취할수록, 육류를 더 섭취할수록, 그리고 섬유소를 덜 섭취할수록

---

116) 미국상원영양문제특별위원회/원태진, [잘못된 식생활이 성인병을 만든다] p.52
117) 존 로빈스, 앞의 책, p.92

높아진다는 것입니다.

이에 대해 리버사이드 포장육 회사 대표 **존 모건**이 1976년 5월 7일에 다음과 같이 발표했습니다.

상식에 어긋나는 몇몇 주장에 따라 성급하게 결론을 내리거나, 섣부르게 행동해서는 안 됩니다. 육류는 미국인 식생활의 중추이고, 항상 그래왔습니다. 모든 종류의 육류가 암을 유발한다는 생각은 터무니없는 소리입니다.

그런데 존 모건은 1982년 3월 13일 대장암으로 사망했습니다.118)

2. 육류와 유방암?

지금 이 시간에도 많은 여성들이 유방암 진단을 받고 충격을 받습니다. 하지만 지방 비중이 높아지면 높아질수록 유방암에 걸릴 위험도 그만큼 높아진다는 말을 들어본 사람은 거의 없을 겁니다. 또한 이미 유방암 진단을 받고 치료를 받는 사람들도 지방 섭취가 적으면 적을수록 유방암을 이겨내고 생존할 가능성 역시 높아진다는 말도 들어본 사람이 거의 없습니다.

일본 '전국 암 연구기관'의 **타케스 히라야마** 박사 팀은 12만 2천명을 몇 십년간 모니터링하면서 육류와 계란, 버터와 치즈의 섭취에 따른 여성들의 유방암 발병위험도를 연구했습니다. 그 결과, 매일 육류를 섭취한 사람들은 육류를 섭취하지 않는 사람들에 비해 유방암에 걸릴 위험이 4배나 높았습니다. 달걀,

---

118) 앞의 책, p.92-104

버터, 치즈섭취도 역시 각종 암 발병 위험도가 높았습니다. 또한 채식을 하는 소녀들이 육식을 하는 소녀들보다 초경이 늦다는 사실도 밝혀졌으며, 초경시기가 이른 여성(13세 미만)이 초경시기가 늦은(17세 이상) 여성보다 유방암에 걸릴 비율이 4배나 높다는 것도 밝혀냈습니다.119)

이 외에도 경부암, 자궁암, 난소암, 전립선암, 폐암…들도 마찬가지로 그 주된 원인이 육류와 지방입니다. 더 자세한 것을 알고 싶은 분은 **존 로빈스, [육식 1.2권]**을 적극 추천합니다.

3. 동물성 단백질과 암

동물성 단백질에는 질소가 있어서 신진대사과정에서 상당한 독성을 함유한 질소찌꺼기를 남깁니다. 이는 간과 신장에 큰 부담을 주어 이 기관들이 몸의 치유체계에 기여하는 작용을 줄이고, 면역체계를 혼란에 빠뜨립니다. 동물성 단백질을 먹지 않는 사람들은 암이 발병되지 않는다는 사실을 증명한 **[무엇을 먹을 것인가**(콜린 캠벨)]를 포함한 대규모의 과학적 연구 이후 단백질과 암의 연관성은 분명해졌습니다. 여러 나라의 다양한 식습관을 연구한 100편 이상의 역학 연구보고서는 육류 소비와 암 발생 위험의 연관성이 보고되었습니다.

미국 국립보건원에서 49,400명을 대상으로 8년간 조사한 자료에 의하면, 붉은 고기를 즐겨먹는 참가자들이 그렇지 않은 사람보다 대장암 발병율이 약25%, 폐암은 약20%, 식도암과 간암은 약 20-60% 사이로 높게 나타났고, 췌장암도 발병 위험이 증가했습니다. 그래서 2007년도 [미국 역학 저널(A.J.E.)]과 [내

---

119) 앞의 책, p.104-108

과학의학 저널(A.J.M)]에는, "과일과 채소를 먹는 식습관은 암 예방 효과가 있다."는 많은 연구논문을 발표했습니다.120)

4. 동물성 식품을 섭취하면?

혈액의 농도를 높이는 대표적 요인은 '**동물성 단백질**'입니다. 육식동물인 사자나 늑대에 비해 인간의 위산 농도는 20:1 정도입니다. 고양잇과 동물은 닭 뼈조차도 녹여버리지만 사람은 그렇지 못합니다. 따라서 죽은 동물의 단백질은 대부분 소화가 되지 않은 상태로 작은창자를 통과하며 여기서 80%는 부패하고 20%는 혈류 속으로 녹아들어갑니다. 흡수된 단백질 일부를 간에서 분해할 수 있는데, 이 과정에서 '**요소와 요산**(통풍의 주범)'과 같은 노폐물이 만들어집니다. 단백질 식품은 가장 강한 산성을 만드는 식품으로, 혈관 농도를 높입니다. 그래서 결국 동맥경화, 심근경색, 뇌졸중과 같은 심각한 심혈관질환이 생길 수밖에 없게 됩니다.

혈관 벽을 막히게 하는 '**과잉 단백질**'은 모세혈관과 나란히 있는 림프관에도 흡수됩니다. 림프관에 붙어있는 림프절은 원래 매일 300억 개 이상의 노화되어 파괴된 세포 잔해물을 치우는 역할을 합니다. 이런 죽은 세포 노폐물은 오래된 단백질이지요. 그런데 다시 육류와 생선과 유제품을 먹으면, 단백질이 더 추가되어 그것을 처리하느라 전체 림프계가 혹사를 당하다가 끝내 멈추고 맙니다. 그 결과 림프관 주변에는 노폐물이 쌓이고 산소가 원활하게 공급되지 않으니, 세포가 살아남기 위하여 산소 대신에 신진대사 노폐물 일부를 이용할 수 있도록 변형된 새로운 세포가 생기는데 이것이 바로 '**암세포**'입니다. 그리고 보면, <u>암</u>

---

120) 안드레이스 모리츠, [암은 병이 아니다] p.105, 107

은 산소가 부족한 환경에서 한 인간의 생명을 최대한 보존하는 생존 메커니즘이라고 할 수 있습니다.121)

그러므로 지금 우리 주위에서 행해지고 있는 암 수술을 포함한 항암 화학요법이나 방사선 치료를 통하여 암세포를 파괴하는 방법은 주위에서 잠재하고 있던 암세포를 오히려 건드려 깨우는 짓이며, 더 지독하고 공격적인 새로운 암세포를 만드는 꼴입니다. 암으로부터 생존할 수 있는 유일한 가능성은 환자가 몸의 고유한 치유 노력을 강화시키기 위해, 얼마나 많은 힘을 쏟느냐에 달려 있습니다. 그러니까 암세포를 죽여 버리려고 덤비기보다, 식습관을 바꾸므로 자연스럽게 정상세포로 돌아오게 해야 합니다. 우리는 곰팡이도 살 수 없게 만든 감자튀김이나 햄버거처럼 생명을 앗아가는 음식을 먹음으로써 말 그대로 모든 것을 싹 쓸어버리는 질병을 만들고 있는데, 이러한 추세는 이미 꽤 많이 진행되고 있습니다.122)

가슴에 잡히는 응어리나 대장 혹은 뇌에 발생한 종양이 더 이상 우리에게 큰 골칫거리가 아닐 뿐만 아니라, 오히려 여러분이 스스로 알아차리지 못하는 가슴 깊이 묻어둔 그 무엇을 더 이상 그대로 방치하면 안 된다는 것을 알려주는 '경고신호'일 수 있습니다. 자동차를 타고 가다가 계기판에서 '빨간신호등'이 깜박이는 것을 본 적이 있는지요. 무슨 신호일까요? 엔진오일이 고갈되었다는 신호이지요. 그런데 이를 무시하고 그냥 달리면 어떻게 될까요. 그렇지요. 저는 그 경고신호를 무시했다가 엔진이 다 망가져서 200만원을 들여서 고친 적이 있답니다. 바로 그것이지요. 암은 오랫동안 숨겨왔던 것을 밖으로 드러내서 여

---

121) 앞의 책 p.108-112
122) 앞의 책 p.138

러분이 그것과 화해하고 받아들이고 심지어 포용할 기회를 제
공하는 것입니다.123)

그러므로 '**진정한 치유**'는 마음을 새롭게 하시는 주님께,
응어리진 죄와 상처를 토하고,
오직 성령님으로 마음을 새롭게 하여 변화를 받아서,
하나님의 선하시고 기뻐하시고,
온전하신 뜻이 무엇인지를 분별하여,
늘 기뻐하고 기도하고 감사하며 사는 것입니다.

이제 결단할 때가되었습니다.
죽음보다 삶을 선택하는 것은 우리 스스로 결정할 몫입니
다. 무심결에 손이 가는 가공식품(고기, 생선, 계란, 우유, 유제품, 과
자)은 스스로를 서서히 죽이는 자살행위입니다. 그러나 가능한
한 가공식품을 멀리하는 것은 '**분별 있는 선택**'입니다. 유기농
으로 기른 식품을 고르거나 직접 키우는 것은 '**현명한 선택**'입
니다. 식습관을 바꾸면 암에 걸릴 위험을 크게 줄일 수 있습니
다. 모든 악성 암은 잘못된 식습관이 원인입니다. 그러므로 식
습관을 과감하게 바꾸어, 현미 생채식을 하기로 결단하는 것은
'**가장 탁월한 선택**'입니다.
오직 우리를 만드신 분의 도우심으로 그리하십시다.
우리가 마음만 먹어도 성령님은 그리할 힘을 주십니다.

아무 것도 염려하지 말고 다만 모든 일에 기도와 간구
로, 너희 구할 것을 감사함으로 하나님께 아뢰라 그리하
면 모든 지각에 뛰어난 하나님의 평강이 그리스도 예수
안에서 너희 마음과 생각을 지키시리라(빌 4:6-7)

---

123) 앞의 책 p.283

@건강기능식품과 암치료?

'**비타민**(vitamin)'이라는 낱말은 폴란드의 과학자 **K. 풍크**가 '생명의 아민'이라는 뜻에서 생명(vital)과 아민(amine)을 합쳐서 만들었지요. 비타민은 단백질과 협력하여 몸의 기능 조절에 작용하는 효소를 구성하므로 우리는 음식으로 필수 비타민을 섭취해야 합니다. 그래서 [**종합비타민**]124)이라는 것이 대대적인 광고와 함께 우리 몸속에 들어가고 있습니다. 그런데 대부분의 종합비타민은 실제 필요한 양보다 몇 배나 많이 들어 있습니다. 예를 들어, 괴혈병을 방지하기 위한 비타민 C는 하루 30mg정도인데 무려 1,000mg까지 들어 있으니…. 이렇게 많은 비타민 C는 피 속에 녹아 있는 산소와 반응하여 과산화수소를 만듭니다. 이런 불안전한 화학물질은 필요 이상이 되면 너무 적은 만큼이나 해를 줄 수 있지요. 대규모 임상실험에서 비타민 C 보충이 심혈관질환 예방에 전혀

효과가 없다는 것이 입증되었습니다. 이 풍요 시대에 비타민을 얻기 위해 합성된 정제의 의존하다니…. 오늘날 우리가 천연성분의 진정한 식사와 멀어져 가공된 페스트 푸드에 둘러싸여 있으니….125)

미국 국립암연구소에서 당근에서 정제한 베타카로틴으로 암을 예방하기 위해 1985년부터 1993년까지 흡연 남성 2만 9,

---

124) 종합비타민은 몸이 잘 기능하게 위해 13종이 들어 있다. 13종은 비타민 A, 8종의 비타민 B(티아민, 리보플라빈, 나이아신, 판토텐산, B6, B12, 엽산, 비오틴), 비타민 C, 비타민 D, 비타민 E, 비타민 K이다.
125) 데이비드 B. 아구스/김영설, [질병의 종말] p.201-209

133명을 상대로 연구한 결과 정제 베타카로틴을 보충한 남성에서 폐암발생은 18% 증가하고, 총 사망률도 8% 증가하였습니다. 또 다른 연구에서 흡연자나 석면에 노출된 45-74세의 남녀 1만 8,314명을 대상으로 베타카로틴과 비타민 A의 효과를 위약과 비교하였습니다. 그런데 오히려 베타카로틴과 비타민 보충군에서 폐암 발생률이 28% 높았으며, 총 사망률은 17% 높았다고 합니다. 이러한 결과는 '**건강기능식품**'을 보충하는 것이 좋은 식습관, 운동, 체중 감량과 금연, 금주를 대신할 수 없다는 사실을 입증해줍니다.126)

2007년 미국국립보건원에서 종합비타민과 전립선암 관계를 29만 5,344명을 대상으로 연구하였습니다. 참가자는 50-71세였으며, 그들은 시작 때에 아무도 암이 없었습니다. 5년간의 추적조사에서 1만 241명이 전립선암으로 진단되었고, 그중 1,476명은 진행성이었습니다. 다량의 종합비타민을 복용한 사람에서 치명적인 전립선암 위험이 증가되어 연구자를 놀라게 했습니다. 규칙적으로 종합비타민을 복용하는 사람들에서 전립선암 위험이 두 배였습니다.127)

잭 맥클루어는 '**전립선암**' 환자였습니다. 그런데 그는 암을 제거하는 수술 대신에 생활습관을 확 바꾸기로 결단했습니다. 다들 무모하다고 했지만, 그는 채식으로 식단을 바꾸고 꾸준히 운동하고 기도함으로서 마침내 전립선암을 극복했습니다. 그에게는 예방의학전문의 '**딘 오니시**(Dean Ornish)' 박사가 있었습니다. 미국 클린턴 대통령의 건강을 챙기던 그는 잭 뿐 아니라 각종 암환자 30명의 생활습관을 바꾸어서 암을 완치하는 쾌거를

---

126) 위의 책, p.213-216
127) 위의 책, p.116

이루었습니다.128)

@비타민 B17, 무엇인가?

1922년 파키스탄의 히말라야 산기슭에 있는 작은 '**왕국 훈자(Hunza)**'129)를 조사하고 돌아온 영국의 의사 **로버트 맥카리슨**이 [미국의학협회]지에 다음과 같이 보고하였습니다.

"훈자에 사는 사람들은 암이라는 병이 있다는 것조차도 모르고 있다. 여기는 앵두가 매우 풍부한데 이것을 햇빛에 말려 식사 중에 함께 먹고 있다."

이 보고서로부터 암과 앵두씨의 연관성 연구를 샌프란시스코에 있는 **크렙스** 의사와 생화학자인 아들 **크렙스 주니어** 박사가 뒷받침했습니다. 그들에 의해서, 비타민 B17이 세계에 다시 없는 건강한 나라를 만들어 온 훈자의 전통적 습관과 긴밀하게

---

128) SBS스페셜 [당신이 먹는 게 삼대 간다]
129) **훈자왕국**의 노인들은 암, 심장질환 및 다른 퇴행성질환이 거의 없는 것이 특징이다. 100세가 넘은 노인들도 건강하며. 80대나 90대의 많은 노인들이 아직도 들판에서 일을 하고 있다. 대부분 죽을 때에는 어떤 질병도 없이 죽음을 맞이한다고 한다. 미국 국립보건원의 화이트 박사는 1964년 심전도측정기기를 직접 들고 훈자지방을 방문하여 90세에서 110세에 이르는 노인 25명을 대상으로 혈압, 혈중콜레스테롤, 심전도 등을 측정했으나 어느 한 사람도 심장질환을 앓고 있는 사람을 발견하지 못했다고 보고했다. 훈자인들은 자연에 순응하며, 척박한 땅에서 살기 위해 소식(小食)을 한다. 그들은 고기는 즐겨 먹지 않고, 그 지역에서 나는 정제하지 않은 곡물과 감자, 살구와 오디를 먹고, 시금치나 양배추와 같은 채소는 살짝 요리를 해서 먹는다. 훈자사람들은 살구씨를 부셔서 그냥 먹기도 하고, 기름을 짜서 요리에 사용하기도 한다. - 한국교직원신문

관련되어 있다는 것이 밝혀졌습니다.

스코틀랜드 의사 **존 베어드**는 1902년에 악성세포를 근본적으로 제거하는 구조가 췌장에서 만들어지는 효소 '키모트리푸신'이라는 걸 발견했습니다. 한 여인이 생명을 임신하면 수정란에서 '**영양포**(營養胞)'라 불리는 세포 행동에 의해 자궁의 벽에 파고들어 수정란을 착상시켜서 모체로부터 영양을 공급받을 수 있는 길을 엽니다. 그러나 5-6일째가 되면 모체의 췌장에서 키모트리푸신 효소가 만들어져서 영양포 세포의 작용을 멈추게 하고, 동시에 태아의 췌장이 작용하기 시작한다는 걸 발견했습니다. 그러나 췌장에서 키모트리푸신 효소가 만들어지지 못하면, 모체에도 태아에게도 큰 불행한 결과를 가져오게 됩니다. **베어드** 박사의 연구가 말하는 바는 암이란 일종의 '**영양결핍증**'으로 생기는 병이라는 겁니다.

훈자 사람들은 히말라야 산속에 격리되어 농사를 짓고 앵두와 살구 과수원을 가꾸면서 화학적인 살충제를 전혀 쓰지 않습니다. 그들은 매우 소식(1,900Kcal)을 하며, 수수나 여러 가지 과일, 채소, 벌꿀, 그밖에 곡류, 콩류

[출처] 한국교원신문 : '부불'(100세) 가족

를 먹고, 육류는 거의 먹지 않습니다. 훈자에서는 85세는 중년층에 속하고, 100세를 넘은 사람도 심장병이 하나도 없고, 시력도 완전하여 아직 거뜬히 야외 활동을 하고, 아침 일찍 냇가로 가서 목욕을 하고 있습니다. 이와 같은 건강의 비결은 다만 앵두나 살구씨를 쪼개어서 그 속 알맹이를 먹는 것이었습니다.

여기서 **베어드** 박사가 관찰한 것을 또 하나 봅시다. 그는 건전한 췌장 속에는 항암효소 '**니트리로사이드**'가 만들어지는 데 그것은 대개 과일이나 식물의 종자 속에 들어있습니다. 현미나 수수, 메밀과 같은 곡류(정백 하지 않은 것)는 '니트리로사이드' 즉 '**비타민 B17**'을 풍부하게 포함하고 있습니다. 강낭콩이나 완두콩과 같은 콩류,

특히 콩나물에는 콩 그 자체보다 50%나 많은 니트리로사이드가 있습니다. 사과씨, 벚씨, 복숭아 씨, 포도씨, 살구씨, 앵두씨…에도 B17이 풍부하므로 이러한 과일을 먹을 때는 씨앗이나 핵도 함께 먹어야 합니다. **그랩스 주니어** 박사는 '니트리로사이드'에 대하여 평생을 연구하여 그 결과를 발표했습니다.

"암은 영양 결핍증이다. 암은 비타민 B17이 없는 음식물을 골라서 먹으면, 몸의 면역시스템이 악성 세포를 충분히 제거하지 못하기 때문에 생기는 병이다."

체내에서 비타민 B17은 어떻게 암세포를 정확히 찾아내어 죽일까요? 간단하게 말하면, 비타민 B17이 품고 있는 벤즈알데히드와 시안화수소(청산가리)는 건강한 세포에 많은 로다네재를 만나면 무해하다가, 베타 그르코시다제를 방출하는 암세포가 만나면 시안화수소가 발현되어 암세포를 여지없이 죽여 버립니다.

1935년에 캘리포니아 의과대학 병리학 교수 **이사벨 페리**(Isabella Perry) 박사는 종양이 있는 쥐에게 시안화물 증기를 지속적으로 흡입시킨 결과, "이 실험에 사용된 쥐들이 매우 높은 비율로 종양이 감소하는 모습을 보였다."고 관찰 기록을 남겼습

니다. 또한 미국 암연합 세포화학부 책임자인 **딘 버크** 박사는 동물 세포를 사용한 실험에서 B17은 정상세포에는 나쁜 영향을 전혀 끼치지 않았지만, 암세포에 대해서는 엄청난 양의 시안화물과 벤조알데히드를 방출했고, 모든 실험에서 암세포를 죽게 만들었다고 말했습니다. 그의 말입니다.

> "레이어트릴(비타민 B17)을 암세포 배양체에 적용한 후 현미경으로 관찰하면, 글루코시다아제(해제 효소)가 함께 있는 경우에 암세포들이 파리처럼 죽어나가는 것을 볼수 있었습니다. 레이어트릴은 폐암을 포함한 많은 형태의 암을 치료하는데 효과가 있는 것으로 보이며, 전적으로 무독성입니다."[130]

전 세계의 통계자료(훈자, 에스키모…)에 의하면, 비타민 B17은 특정한 물질과 함께 존재하며, 그 물질들이 동시에 작용해서 인간의 암을 통제하고, 그것도 100%의 효과를 가진다는 결론에 도달할 수 있습니다. 그러나 시작된 암? 이미 암에 걸린 다음에도 비타민 B17을 사용하면 건강을 회복할 수 있을까요? 물론 '**그렇다**'라고 말할 수 있습니다. 암이 너무 늦지 않게 발견되고, 환자가 방사선 치료나 독성 약물에 지나치게 심한 손상을 받지 않았다면 가능합니다. 불행하게도 대부분의 암환자들은 정통 의학으로는 희망이 없다고 포기한 다음에야 레이어트릴(비타민 B17) 치료를 받기 시작한다는 것이 문제입니다. 그러나 그런 사람들조차도 살아나는 사람들이 있다는 것만으로도 레이어트릴 치료법의 승리라고 볼 수 있습니다.[131]

---

130) 에드워드 그린핀/석혜미, [암세포 저격수 비타민 B17] p.111-112
131) 앞의 책 p.114

그럼에도 불구하고 미국의 식품의학품국(FDA)은 비타민 B 17을 함유한 모든 제품의 사용을 금지했습니다. 그래서 의사들은 의사면허를 걸고 20년간이나 싸우다가 지쳐서 점점 외면하게 되었습니다. **(그 치열했던 논쟁은 복잡하고, 고약합니다.)** 오늘날 미국의 암환자들은 비타민 B17 치료를 받기 위해 국경을 넘어서 멕시코로 가야만 되었습니다.

멕시코에 있는 **델마 클리닉**은 개원 이래 이미 3만 명이 넘는 환자들에게 비타민 B17과 식사로 치료했지만, 이로 인해 유해한 부작용이 생긴 환자는 단 한 사람도 없었답니다. 항종양물질로 아미그다린(비타민 B17 제품)은 심지어 통증도 없어지고, 말기 암 환자에게 풍기는 특유의 강렬한 악취를 없애는 효과까지 있습니다. 이와 같은 크리닉은 자마이카의 **페아필드 클리닉**, 독일의 **하노바 실버식 클리닉**과 바바리아에 있는 **린버그 클리닉**, 네델란드의 **모망 클리닉**, 영국의 브리텐섬에 있는 알렉 포브스 박사가 지휘하는 **브리스톨암센터**(BCHC)가 있습니다.132)

사냥한 야생 동물의 사체 속에서 암을 발견하는 경우는 거의 없습니다. 그런 동물들은 인간에 의해 길들여지고, 인간이 주는 음식을 먹도록 강요되고, 인간의 식탁에서 떨어지는 부스러기를 먹고 살 때만 암에 걸리게 됩니다. 암은 우리들 잘못된 삶의 방식으로 인해 생기는 병입니다.

옛날 할아버지들이 하신 "하루에 사과 하나는 의사를 멀리하게 해 준다"라는 말은 괜한 말장난이 아니었습니다. 특히 모든 사람들이 사과씨까지 먹는 것을 당연하게 여기던 시절에는 더욱 의미 있는 말이었습니다. 씨앗까지 포함해서 사과 하나에

132) 브렌트 키드만/임종상, [암 영양요법] p.111-124

는 건강에 필수적인 고농축 비타민과 미네랄, 지방과 단백질이 들어 있습니다. 특히 사과 씨는 니트릴로사이드(비타민 B17)의 보고입니다. 살구씨, 복숭아씨에 비타민 B17이 풍부하며, 채소, 현미, 기장, 보리, 콩, 녹두, 팥, 조, 수수, 귀리에도 조금씩 있습니다. 그런데 오늘날 미국인들은 비타민 B17을 충분히 제공했던 음식을 멀리하고, 이 성분이 전혀 들어 있지 않은 다른 식단으로 바뀌면서 암 발생률이 급증하여, 세 사람 중 한 사람이 암에 걸리는 운명에 처하게 되었습니다.133)

그러므로 <u>암 치유, 창세기에 답이 있습니다.</u> '**창세기 1장 29절**'에서 창조주께서 하락하신 먹거리, "씨 맺는 채소와 씨 가진 열매", 여기 이 '**씨앗**'에 비밀이 있었습니다. 바로 이 씨앗을 그대로 먹고 사는 야생 동물은 암이라는 병에 걸리지 않습니다. 이제 우리도 지금까지 잘못 믿고, 잘못 생각하고 잘못 먹은 죄를 철저히 돌이키고, 예수님을 주인님으로 모시고, 하나님께서 하락하신 '**천연 먹거리, 현미 생채식**'을 주식으로 드십시다. 그리하면 반드시 새롭게 되는 날이 있을 겁니다.

[행 3:19] 그러므로 너희가 회개하고 돌이켜 너희 죄 없이 함을 받으라 이같이 하면 <u>**새롭게(유쾌하게) 되는 날**</u>이 주 앞으로부터 이를 것이요

'**비타민 B17으로 암을 완치한 사람들**'을 소개합니다.

데이빗 에드멘드 : 1971년 방광까지 전이된 대장암으로 수술을 받았지만, 너무 광범위해서 모두 제거하는 것이 불가능한 상황이었습니다. 5개월 뒤 암은 더 악화되었고, 몇 개월밖에 살

___
133) [암세포 저격수] p.31-32, 104

수 없다는 시한부 선고를 받았습니다. 그래서 언젠가 레이어트
릴 치료에 대해 들어 본 적이 있었기 때문에 한번 시도해 보기
로 마음먹었지요. 6개월 후 그는 거의 정상생활로 돌아갈 수
있을 정도로 회복되어 의사들을 놀라게 했습니다.

　　조앨 윌킨슨 : 캘리포니아에 거주하는 그녀는 1967년에 왼
쪽 다리 허벅지에서 종양 제거 수술을 받았습니다. 1년 후에는
사타구니에서 암을 발견하고 다리와 골반 절단이 불가피하며,
방광과 신장 한 쪽을 잘라내야 할지도 모른다고 했습니다. 동생
의 설득으로 레이어트릴 치료를 시도해 보기로 했습니다. 담당
의사는 격노하여 12주도 살지 못할 것이라고 경고했습니다. 그
러나 5주 만에 차도가 보이기 시작하여 6개월이 지나서 거의
완치되었습니다. 물론 치료 첫날부터 유제품, 흰 밀가루, 계란
으로 만든 음식은 먹지 않았지요. 12주밖에 못 산다는 시한부
선고를 받았는데 9년이 지난 지금도 건강하게 생활하고 있습니
다.

　　윌리엄 사이크스 : 플로리다에 사는 그는 1975년에 림프구
성 백혈병과 비장, 간암 진단을 받았습니다. 비장을 제거한 후
담당 의사는 기껏해야 몇 개월밖에 못 산다고 말했습니다. 윌리
엄은 화학 치료 대신 레이어트릴 치료를 선택했습니다. 그런데
담당의사가 목숨을 담보로 게임을 하고 있다고 경고하여 다시
돌아가 화학치료를 받았지만 점점 더 악화되었습니다. 눈에서는
열이 났고, 위는 불에 타는 것처럼 고통스러웠습니다. 그의 말
입니다. "화학 치료는 암보다도 빨리 나를 죽이고 있었습니다!
더 이상은 참을 수가 없어서 화학 치료를 중단하고 다시 레이
어트릴과 식단 관리를 시작했습니다. 그러자 빠르게 회복되는
것을 느낄 수 있었습니다."134)

@영국 브리스톨암센터 식사 원칙?

영국 브리스톨병원의 식사요법에서 가장 기초가 되는 이론은 "날 식품을 먹는 원시인의 식사법"입니다. 이 병원에 처음으로 찾아온 환자는 그 때까지의 식습관을 버리지 않으면 안 된다는 말을 듣고 깜짝 놀랍니다. 센터의 치료사들은 그들의 이러한 반응에 동정하면서 식사에서부터 암에 대해 도전해야 한다는 뜻을 친절하게 설명해 줍니다. 이 병원에서 제공되는 식사 처방전은 환자에게 전혀 새로운 식사를 충실히 실천하도록 독려합니다. 환자들은 그 결과 센터에 오기 전에 비해 큰 변화를 체험하고 있습니다.

그들이 제일 먼저 부딪치는 것은 "고기 없는 식사!"입니다. 사람들의 한탄을 들으면서도 이를 고수하는 이유는, 암의 종양을 파괴해야 할 시기에 췌장 효소가 고기 식사로 인한 단백질 소화에 매달리기보다도 종양의 파괴 쪽에 보다 많은 시간을 보내게 하기 위해서입니다.

그리고 또 하나 암으로부터 살아남기 위한 최초의 길잡이는 "가공식품은 피하고 날 것이나 신선한 음식을 먹자!"입니다. 언제나 환자가 문제를 삼아야 하는 것은 가공되지 않은 신선한 채소를 어떻게 하면 손에 넣을 수 있을까 하는 것입니다. 가장 좋은 방법은 자기 집 텃밭에서 비타민이나 효소가 많은 채소류를 항상 손수 재배하고, 콩나물을 직접 키우는 방법입니다. 콩나물은 비타민 B17의 풍부한 공급원입니다. 이제 [BCHC의 식사원칙]을 봅시다.

---

134) 앞의 책 p.115-125

①신선한 채소, 과일, 곡류, 콩류를 섭취한다.

②육류, 유제품은 먹지 않는다.

③가공식품도 전혀 먹지 않는다.

④먹는 것의 70%는 날(生)걸로 먹는다.135)

@정사영 박사의 암 치유 7 단계

다시 한 번 더 말하지만, 암 진단은 반드시 받는 것이 좋습니다. 그러나 암을 진단 받으면 곧바로 모든 일(직장, 학업…)을 내려놓고, 그 동안 잘못 믿고, 잘못 생각하고, 잘못 먹은 것을 철저히 회개하십시다. 3-6개월 정도 해보고 다시 진단 받아 보십시다. 3-6개월 후 암세포 진행이 멈추었거나 작아 졌으면 더 진지하게 매진하면 충분히 완치됩니다. 혹 그 암세포가 조금 커졌으면, 그 때 가서 수술해도 늦지 않습니다. 수술 후에도 항암제나 방사선 치료를 받지 말고, 내면 환경과 외부 환경을 바꾸면 충분히 회복이 가능합니다.

이제 여기서 **정사영** 박사가 주장하는 [**암 치유 7단계**]를 전적으로 공감하고 이를 요약하면서, 저의 생각을 더해 봅니다. 암을 치유하기에 앞서서, 먼저 '**암에 대한 올바른 생각**'을 하는 것이 우선입니다.136)

*암은 불치병이 아니요, 치유될 수 있는 병이다.

*암은 결코 죽을 병이 아니다.

*암은 피가 썩어서 생긴 병이다.

*암은 새로운 삶과 희망의 상징이다.

---

135) [암 영양요법; 키드만] p.145
136) 정사영, [네가 낫고자 하느냐] p.129-198

'암을 치유하기 전에 가져야 할 마음 자세'입니다.

"쥐구멍에도 볕들 날 있다."
"호랑이에게 물려가도 정신만 차리면 산다."
"精神一到(정신일도) 何事不成(하사불성)"
"세상에서는 너희가 환난을 당하나 담대하라 내가 세상
을 이기었노라"(요 16:33)

첫째 : 그대를 "만드신 분"을 바로 알라!

이 세상에 "메이커(Maker)"가 없는 것은 하나도 없습니다.
그렇다면 그대의 "메이커"는 누구입니까? 세상 사람들이 뭐라
고 해도, 그들조차도 "메이커"가 없이는 존재할 수 없습니다.
어떤 사람이 길을 가다가 아주 오래되고 무늬도 없는 반지를
하나 주었습니다. 그걸 보고, "어, 이 반지는 저절로 생겼네…"
하고 떠들고 있다면, 그 사람은 틀림없이 정신에 문제가 있
는…… 인체는 그런 조잡한 물건과는 비교가 안 될 정도로 정
교하지요. 아직까지도 세계의 그 어떤 석학도 세포 하나 만들
수 없고, 영원히 그럴 겁니다. 너와나, 우리의 "메이커"은 "하
나님"이십니다. 하나님은 우리를 "만드신 분"이십니다. 그래서
우리를 만드신 분은 우리 "아버지"이십니다. 예수님은 우리가
잃어버린 아버지를 다시 만나는 '그 길(THE WAY)'을 온몸으
로 여신 분이십니다.

예수께서 이르시되 **내가 곧 길이요 진리요 생명이니(I
am the Way, the Truth, and the Life.)** 나로 말미암지
않고는 아버지께로 올 자가 없느니라(요 14:6)

예수께서 이르시되 나를 붙들지 말라 내가 아직 아버지
께로 올라가지 아니하였노라 너는 내 형제들에게 가서
이르되 <u>내가 내 아버지 곧 너희 아버지, 내 하나님 곧
너희 하나님께로 올라간다(I ascend to My Father and
your Father, and My God and your God.)</u> 하라(요
20:17)

예수님을 구주로 영접한 사람은 바로 이 **"만드신 분, 하나
님"**을 몸속에 모신 사람들입니다. 그런데 알고 보니, 그분이 바
로 내 **'아버지'**시군요. 그래서 **"만드신 분, 하나님, 아버지"**를
모신 사람은 **"아버지, 하나님, 만드신 분의 아들딸"**이 되는 권
세를 받습니다(요 1:12). 그 권세가 무엇입니까? 저는 **'요한복음
14장 23절'**이라고 봅니다.

예수께서 대답하여 이르시되 사람이 나를 사랑하면 내
말을 지키리니 <u>내 아버지께서 그를 사랑하실 것이요 우
리가 그에게 가서 거처를 그와 함께 하리라(My Father
will love him, and We will come to him and **make
Our home** with him.)</u>(요 14:23)

무슨 말씀입니까? 예수님을 사랑하고 예수님의 말씀을 지
키는 사람은 예수님의 아버지께서 그 사람을 사랑하실 것이요
예수님과 예수님의 아버지께서 그 사람에게 오셔서 거처를 그
사람과 함께 하신다는 말씀이지요(MAKE OUR HOME).
불가능이 없으신 전능하신 하나님,
내 아버지께서 내 몸을 집으로 삼고 거하신다는데,
암병, 그게 무슨 문제가 되리오!!
나를 만드신 내 아버지는 **"치유하시는 여호와"**이십니다.

만드신 분이 고치십니다.

나는 너희를 치료하는 여호와임이라(출 15:26)

할 수 있거든이 무슨 말이냐 믿는 자에게는 능히 하지 못할 일이 없느니라(막 9:23)

여인이 어찌 그 젖 먹는 자식을 잊겠으며 자기 태에서 난 아들을 긍휼히 여기지 않겠느냐 그들은 혹시 잊을지라도 나는 너를 잊지 아니할 것이라 내가 너를 내 손바닥에 새겼고 너의 성벽이 항상 내 앞에 있나니(사 49:15 -16)

둘째 : 잘못을 고하고 회개하라(성전 정화)

우리 몸은 "만드신 분, 주인님이 거하시는 성전"입니다. 그러니 성전이 깨끗해야 주인님이 평안히 거하실 수 있고, 하나님의 사랑을 누릴 수 있습니다.

여호와의 손이 짧아 구원하지 못하심도 아니요 귀가 둔하여 듣지 못하심도 아니라 오직 너희 죄악이 너희와 너희 하나님 사이를 갈라놓았고(your iniquities have built barriers between you and your God) 너희 죄가 그의 얼굴을 가리어서 너희에게서 듣지 않으시게 함이니라(사 59:1-2)

마음과 몸은 매우 밀접한 관계가 있습니다. 그 중 하나가 병들면, 다른 것도 반응을 일으킵니다. 마음속에 상처나 죄는 하나님의 손길을 가로막는 장애물(barriers)이 되어서 평안한 마음을 가질 수 없고, 정상적인 신진대사가 이루어지지 않아서 치유를 방해합니다. 오직 성령님으로 말씀의 조명을 받아 모든 죄와 상처를 회개, 토설하고, 사악한 세력을 대적, 선포하면, 성전이 깨끗해지고, 마음이 평안함과 동시에 치유가 촉진됩니다.

> 너희는 돌이켜 회개하고 모든 죄에서 떠날지어다 그리한
> 즉 <u>죄악이 너희를 패망케 아니하리라</u>(겔 18:30)

> 내가 너희에게 이르노니 이와 같이 <u>죄인 한 사람이 회개
> 하면</u> 하늘에서는 회개할 것 없는 의인 아흔아홉으로 말
> 미암아 <u>기뻐하는 것보다 더하리라</u>(눅 15:7)

> 지금까지는 너희가 내 이름으로 아무 것도 구하지 아니
> 하였으나 <u>구하라 그리하면 받으리니 너희 기쁨이 충만하
> 리라</u>(요 16:24)

전심으로 죄를 뉘우치고 주인님께로 돌아왔으면, 이제부터는 간구하고 또 간구하십시다. 반드시 원하는 바가 이루어질 겁니다. 동시에, '**특권**'이 있는 곳에는 또한 '**책임**'도 따릅니다. 과거에 흑암의 세력에게 사로잡혀서 분별없이 먹고 마시고 살아온 잘못된 생활습관이 성령님의 성전인 몸에 얼마나 많은 독성을 끼쳤는가를 깊이 깨닫고, 그것을 온전히 버려야 합니다. 그런 악습이야말로 지금 고생하는 암의 원인 중 하나이기 때문입니다.

셋째 : 몸의 자가 중독을 그치도록 하라!

"암의 원인이 되고 암을 키우는
음식을 먹지 마라!"

모든 질병에는 원인이 있습니다. **"아니 땐 굴뚝에 연기 나랴."** 그런데 그 원인을 치유하지 않는다면, 그 어떤 치료도 결코 완전할 수 없습니다. 머잖아 또 다른 병에 시달리기 마련이지요. 그러니 근본 원인을 제거하는 것이 무엇보다 중요합니다. 하나님께서 **"피는 생명이다!"**고 말씀하셨지요. 그렇습니다. 생명인 피가 깨끗하지 않으면, 몸은 썩게 되어 있습니다. 그러므로 피를 썩게 만들어서, 암에 걸리게 하는 모든 **'음식물'**은 당장 끊어 버려야 마땅합니다. 그것이 아무리 즐겨 먹고 마시던 것일지라도 더 이상은 안 됩니다.

오늘 결단하십시다.
스스로 결단하지 않으면,
아무도, 하나님조차도 어찌하실 수 없습니다.

몸을 해치는 술과 담배 / 고기와 생선, 계란과 우유와 그 유제품들 / 백미와 흰 밀가루와 그 제품들 / 인공조미료와 모든 기름들 / 설탕과 커피와 청량음료들 / 각종 식품첨가물을 뒤집어 쓴 그 과자와 공산품들 / 각종 건강보조식품……들을 멀리하십시다. 각종 합성 세제(샴푸, 치약, 세탁세제…)는 거의 다 간세포의 호흡을 방해하며, 암환자의 콩팥의 기능을 약화시킵니다. 그러니 과거에 즐기던 것이라고 미련을 떨지 말고 과감하게 결단하고 돌아 서십시다.

언제나 선택은 내 몫입니다.
그리고 한번 결단했으면 뒤돌아보지 마십시다.

<u>손에 쟁기를 잡고 뒤를 돌아보는 자는</u> 하나님의 나라에

합당하지 아니하니라(눅 9:62)

앞에서 본 것처럼 마귀는 우리를 위해주는 척하면서 옆에서 속살거릴 겁니다.

"한 번 쯤은 괜찮아! 아무도 안 봐! 먹어라 먹어~!"

그 때 주님께서 하신 말씀을 떠올리십시다!
함께 해 보실까요!

사탄아 물러가라!
나는 하나님만 섬긴다!

넷째 : 몸을 정결케 하라!

내가 먹는 것이 내 몸이 됩니다. 내 몸은 성전입니다. 내 몸 성전의 세포마다 독소가 가득하다면, 그건 전적으로 내가 잘못 먹은 결과입니다. 그게 각종 질병을 일으키지요. 그러니 잘못된 음식을 '**금식**'하는 것과 동시에 이미 먹에서 쌓인 것을 '**해독**'하는 것도 매우 중요합니다. 그래서 그 독을 좀 더 빨리 제거하기 위하여 '**레몬 관장**'[137]을 권합니다. 또한 '**생수 금식**'이나 '**과일 금식**'을 하는 것이 필요합니다.

앞에서 강조한 것처럼 '**현미식**'은 반드시 해야 합니다. 현미

---

137) **레몬관장 방법** : ①약국에서 관장기를 준비한다. ②레몬 4개를 준비하여 즙을 짠다. ③따뜻한 물 2컵에 레몬즙 절반을 타서 마신다. ④관장기 통에 따뜻한 물을 붓고 나머지 레몬즙을 넣는다. ⑤항문에 오일을 바르고, 왼쪽으로 비스듬하게 누워서, 관장 호스를 서서히 삽입한다. ⑥서서히 펌핑하여 관장액을 넣는다. ⑦다 넣고, 견딜 만큼 견디다가 화장실에 간다.

는 하나님께서 허락하신 태초의 먹거리입니다. 현미는 생명이 살아 있고, 피를 맑게 하는 알칼리 식품입니다. 백미는 생명이 없는 죽은 식품이요, 그것은 이 세상 흑암의 왕 사탄의 농간에 놀아난 결과물입니다. 현미를 기왕에 먹을 바에야, '생 현미'를 먹는 게 더욱 좋습니다.

생현미와 함께 신선한 채소를 날걸로 먹기를 강력히 권합니다. 인체는 살아 있습니다. 그러니 생명이 없는 물질을 섭취하면, 다시 생명을 살려야만 쓸 수 있습니다. 그만큼 간이 혹사를 당하지요. 신선한 생채소는 각종 비타민과 미네랄과 여러 가지 효소와 무엇보다 생명이 있습니다. 현미 생채식은 음식이라기보다 약(藥)으로 생각하고, 천천히 100번 이상 꼭꼭 씹어서, 감사한 마음으로 먹는 습관을 들이십시다. 혹 치아가 불실한 사람은 물에 충분히 불린 생현미를 믹서에 갈아서라도 드시는 게 좋습니다. 이때도 침 속에 있는 아밀라아제(소화제)가 골고루 섞이도록 반드시 100번 씹어야 합니다.

수술이나 방사선, 항암제 치료를 한 경우에는 이 때문에 체내에 쌓인 독을 먼저 처리하기 위해 '감자즙' 한 컵 정도를 껍질째 갈아서 하루 3-4회 먹을 것을 권합니다. 배를 갈아서 먹는 것도 해독에 큰 도움이 됩니다. 날걸로 먹거나 즙을 짜서 먹기를 권하고 싶은 채소를 몇 가지 소개합니다.

*당근 : 궤양과 암의 용해제
*시금치 : 진통제, 갑상선 기능 강화제
*비트 : 간, 쓸개, 콩팥 청소제
*치커리 : 간 기능 강화제, 담즙 분비 촉진제
*미나리 : 암이나 종양에 있는 섬유소 용해제

*파슬리 : 갑상선, 부신피질 기능 강화제

*셀러리 : 신경 안정제

*오이 : 이뇨제

*민들레 : 유기 칼슘과 마그네슘 풍부

*가지 : 항암작용

*해조류(미역, 다시마, 김…) : 미네랄, 비타민 풍부

*살구씨 : 암세포 저격수 비타민 B17 보고

*그 외에 무, 양배추, 브로콜리, 호박, 들깻잎, 쇠비름…

다섯째 : 천연치유 요소들

하나님께서는 친히 만드신 천연계에 각종 질병의 치유와 예방에 필요한 것들을 가득히 준비해 두셨습니다.

*신선한 공기 : 인체의 모든 세포마다 충분한 산소의 공급을 원합니다. 그것도 깨끗한 산소를 많이 공급해야 합니다. [암, 산소에 답이 있다(윤태호)]는 책까지 있습니다. 어떤 세포든지 산소만 잘 공급되면 암에 걸리지 않고, 이미 걸린 암세포도 치유됩니다. 특히 음이온이 많이 배출되는 곳(나무숲속, 폭포계곡…)으로 자주 가서 깊은 심호흡을 하십시다. 물론 생채소를 먹는 것도, 깨끗한 물을 마시는 것도 산소공급의 중요한 루트입니다. 피부도 숨을 쉬고 있으니, 몸을 깨끗이 하십시다. 피부에 닿는 내의와 양말은 합성세제를 쓰지 말고, 반드시 햇볕에 잘 말려서 입는 것이 좋습니다.

*햇빛 : 햇빛은 참 유익합니다. 지나치면 자외선(UV) 때문에 위험하지만, 피부속의 콜레스테롤을 비타민 D로 변화시키는 효과가 있으니, 하루 20분(겨울에는 30분) 정도 햇볕을 쬐는 것은

좋습니다. 또한 눈을 감고 태양을 20분 정도 바라보면 '세로토닌' 호르몬이 생성되어서 마음에 안정감을 줍니다. 이 세로토닌은 밤에 '멜라토닌' 호르몬으로 바뀌어서 단잠을 자게 하는 효과까지 있습니다. 햇빛은 또한 강력한 살균력이 있습니다. 그러니 무수한 세균과 곰팡이를 죽이기 위해 침구를 수시로 일광소독하기를 권합니다.

내 이름을 경외하는 너희에게는 공의로운 해가 떠올라서 <u>치료하는 광선을 비추리니</u> 너희가 나가서 외양간에서 나온 송아지 같이 뛰리라(말 4:2)

[MSG] 내 이름을 높이는 이들에게는 의의 태양이 떠오를 것이다. 거기에서 치유의 빛이 흘러나올 것이다. <u>너희는 기운 펄펄한 망아지처럼 에너지가 넘치게 될 것이다.</u>

*절제와 휴식 : 건강의 척도는 '**절제**'와 '**쉼**'입니다. "이기기를 다투는 자마다 모든 일에 절제하나니"(고전 9:25) 무엇이든 절제가 안 되어서 문제를 일으키지요. 그러니 음식도, 운동도 업무도 절제하고, 가능한 한 밤10시 이전에 잠을 자고, 낮에도 식후에 30분 정도 수면을 취하는 게 좋습니다. 물론 한 주일에 하루는 푹 쉬며 주님께 예배드리는 삶을 적극 권합니다. '休息(휴식)'이라는 한자를 자세히 보시면, '人(사람)'이 '木(나무)' 밑에서 '鼻(코)'로 숨을 쉬며, '心(마음)'속에 쓰레기를 토하면 쉼을 누린다는 뜻이지요. 그러니 진정한 안식(安息)은 예수님 십자가 나무 밑에서(휴;休) 주님과 눈 맞추고 깊이 더 깊이 숨을 쉬며, 마음을 주인님께 드리는(식;息) 삶입니다(마 11:28).

*신선한 물 : 인체는 60-7
0%가 물입니다. 우리가 먹는 모
든 음식물은 장내에서 물이 되
고서야 각 세포에 분배됩니다.
그러니 좋은 물을 마시는 것은
아무리 강조해도 지나치지 않습
니다. 염소와 불소로 처리한 수

돗물은 안 되겠지요. 산기슭에 흐르는 계곡 물이 좋습니다. 충
분히 검증된 약수도 좋고요. 물론 천연수로 가득한 채소 과일을
많이 먹는 것이 더욱 좋습니다. 그 무엇보다 결코 잊지 말아야
할 것이 있습니다.

무엇일까요? 그래요.

생명수이신 주님과 눈 맞추고 숨 쉬는 삶입니다.

그래서 마침내 배 속에서, 심장 속에서,

'**생명수의 강들이**(rivers of living water)' 흘러나와서,

모든 세포를 소생시키는 그 날이 속히 오게 하십시다.

나를 믿는 자는 성경에 이름과 같이 <u>그 배에서 생수의
강이 흘러나오리라</u>(요 7:38)

[NKJV] He who believes in Me, as the Scripture has
said, <u>out of his heart will flow **rivers of living water**</u>."

여섯째 : 대적하고 축사하라!

'**예수**(JESUS)' 이름은 '**구원자**(SAVIOR)'입니다. 우리를 구원
하시는 분은 '**예수님**' 한 분 뿐이십니다. 무엇으로부터(From Wha
t), 어디로(To Where) 구원입니까? 죄에 빠져 살게 하는 사탄으
로부터, 천국을 누리게 하시는 하나님에게로 구원입니다. 이는

사실 둘이 아니라 하나입니다. 사탄을 주인으로 섬기는 그 자체가 바로 죄이니까요. 질병도 죄의 결과물이니, 죄를 회개하는 동시에 사탄을 대적하고, 사탄세력을 반드시 축사(逐邪)해야 합니다. 그래서 예수님은 공생애를 대적과 축사로 시작하시고, 그 권세를 제자들에게 주셨습니다. 예수님을 구세주(Savior)로 믿고, 주인님(Lord)으로 영접한 우리는 이미 이 권세를 받아서 지금 가지고 있습니다.

> 내가 너희에게 뱀과 전갈을 밟으며 원수의 모든 능력을 제어할 권능을 주었으니 너희를 해칠 자가 결코 없으리라(눅 10:19)
> [NIV] I have given you authority to trample on snakes and scorpions and to overcome all the power of the enemy; nothing will harm you.

> 믿는 자들에게는 이런 표적이 따르리니 곧 그들이 내 이름으로 귀신을 쫓아내며 새 방언을 말하며 뱀을 집어 올리며 무슨 독을 마실지라도 해를 받지 아니하며 병든 사람에게 손을 얹은즉 나으리라(막 16:17-18)

조상대대로 내려오는 모든 죄를 회개하고, 그 죄 덩어리 속에 숨어 있는 사탄 마귀를 대적하고, 완전히 물리치는 것은 치유의 필수 과정입니다.

> 죄를 짓는 자는 마귀에게 속하나니 마귀는 처음부터 범죄함이니라 하나님의 아들이 나타나신 것은 마귀의 일을 멸하려 하심이니라(요일 3:8)

사탄아, 물러가라!!

일곱째 : 완전한 헌신

　　암을 비롯한 각종 질병은 사실 만드신 분께서 우리 몸속에 미리 심어두셔서 우리가 잘못 믿고, 잘못 생각하고, 잘못 먹을 때마다 밤낮으로 울어대던 그 자명종(Alarm Bell) 소리를 외면한 결과입니다. 그럼에도 불구하고 이제라도 돌아오라고 부르시는 하나님의 더 큰 목소리, 비상벨(Emergency Bell)입니다. 죽음의 길에서 돌이키고 돌이키라는 주님의 안타까운 목소리입니다.

　　나의 삶을 두고 맹세하노니 나는 악인이 죽는 것을 기뻐하지 아니하고 악인이 그의 길에서 돌이켜 떠나 사는 것을 기뻐하노라 이스라엘 족속아 <u>돌이키고 돌이키라 너희 악한 길에서 떠나라 어찌 죽고자 하느냐(Turn back, turn back from your evil ways! Why then will you die)</u> (겔 33:11)

늦은 시간은 없습니다!
만드신 분이 고치십니다!
창조주 하나님, 우주의 왕, 내 구원자에게로,
돌아가고, 돌아가고, 돌아가십시다.
진정한 치유자가 내 아버지이시니,
내가 무엇을 두려워하리오!!

<u>너희 염려를 다 주께 맡겨 버리라</u> 이는 저가 너희를 권고하심이니라(벧전 5:7)
[현대어] 여러분의 모든 근심 걱정을 하나님께 맡기십시

오. 늘 여러분의 생각으로 가득 차 있는 하나님께서 여러분에게 일어나는 일을 일일이 보살펴 주실 것입니다.

얼마나 감사한지요.
암 때문에 내 영혼육의 참 주인님,
내 하나님, 내 아버님을 만나다니……
그래서 오늘도 감사, 내일 또 감사……!
그래서 오늘도 찬양, 내일 또 찬양……!

내 영혼아 여호와를 송축하라 내 속에 있는 것들아 다 그의 거룩한 이름을 송축하라 내 영혼아 여호와를 송축하며 그의 모든 은택을 잊지 말지어다 <u>그가 네 모든 죄악을 사하시며 네 모든 병을 고치시며 네 생명을 파멸에서 속량하시고</u> 인자와 긍휼로 관을 씌우시며 좋은 것으로 네 소원을 만족하게 하사 <u>네 청춘을 독수리 같이 새롭게 하시는도다</u>(시 103:1-5)

그래서 이 큰 일, 기쁘고 좋은 소식을 온 가족에게, 온 성내에 널리 널리 전파하십시다.

귀신 나간 사람이 함께 있기를 구하였으나 예수께서 그를 보내시며 이르시되 집으로 돌아가 하나님이 네게 어떻게 큰 일을 행하셨는지를 말하라 하시니 그가 가서 예수께서 <u>자기에게 어떻게 큰 일을 행하셨는지를 온 성내에 전파하니라</u>(눅 8:38-39)

[쉬운] 그 때에 내가 네 곁을 지나가게 되었다. 네가 피투성이가 된 채로 버둥거리고 있는 것을 보고, '너는 살

<u>아야 돼! 반드시 살아나야 해!</u>'라고 소리질렀다.(겔 16:
6)

항상 기뻐하라 쉬지 말고 기도하라 범사에 감사하라 이
것이 그리스도 예수님 안에서 너희를 향하신 하나님의
뜻이니라(살전 5:16-18)

R : Rejoice 기뻐하라!
P : pray 기도하라!
T : Thanks 감사하라!

제 9 장
건강 기본 여건

내 이름을 경외하는 너희에게는 공의로운 해가 떠올라서 치료하는 광선을 비추리니 너희가 나가서 외양간에서 나온 송아지 같이 뛰리라(말 4:2)

제 9 장 : 건강 기본 여건

내 이름을 경외하는 너희에게는 공의로운 해가 떠올라서 치료하는 광선을 비추리니 너희가 나가서 외양간에서 나온 송아지 같이 뛰리라(말 4:2)

날마다 마음을 같이하여 성전에 모이기를 힘쓰고 집에서 떡을 떼며 기쁨과 순전한 마음으로 음식을 먹고(행 2:46)

@중요한 건 환경이지!

예일대의대 종양외과 교수 **버니 시겔** 박사는 "암이 좋아하는 환경을 만들면 암이 둥지를 튼다. 그러나 암이 싫어하는 환경으로 바꾸면 암이 '너하고 도저히 못 살겠다'라며 떠나간다."라고 증언하고 있습니다.138)

1967년 어느 날 지도교수 **어브 코닉스버그**(Irv Konigsberg) 교수는 연구를 위해 배양하던 세포가 병이 들면, 원인을 찾기 위해 세포 자체를 들여다 볼 것이 아니라 세포의 환경을 먼저 들여다보라고 가르쳤습니다. 그의 교훈을 압축하면, **"중요한 건 환경이지!"**입니다. 이 말은 생명의 본질을 꿰뚫는 말입니다. 세포에게 건강한 환경을 제공하면, 세포는 번성합니다. 환경이 부적합해지면 세포도 비틀거립니다. 환경을

---

138) 황성주, [암은 없다] p.40

바로잡아주면 "병든" 세포들이 "생기"를 되찾습니다. **중요한 건 환경이지요!**139)

오늘날의 재앙인 당뇨병, 심혈관질환, 암…들은 행복하고 건강한 삶을 갑자기 망쳐버립니다. 그러나 이들 질병은 특정한 유전자 하나 때문이 아니라 여러 개의 유전자와 환경적 요인이 복잡하게 상호작용한 결과의 표현입니다. 자동차는 자동차 열쇠(Key)의 통제를 받습니다. 그러나 그 열쇠 자체가 통제하는 것이 아니라 열쇠를 돌리는 사람이 실제로 차를 통제합니다. 마찬가지로 특정한 유전자들은 어떤 유기체의 행동과 형질에 연관되어 있습니다. 이러한 유전자들은 뭔가가 시동을 걸어주기 전에는 활성화되지 않습니다. 결국 유전자가 무엇인가를 만들어내려면, 유전자 자체의 특성 때문이 아니라 '**환경으로부터 오는 신호**'를 받아야만 합니다. 이것이 유전자 발현이지요. 그러니까 **유전자의 작동이나, 유전자의 변형에 관한 한 "중요한 것은 환경이지요!"**140)

사람이 살아온 내면 환경과 외부 환경에 따라서, 건강한 삶과 질병의 삶으로 나눕니다. 모두 다 건강한 환경, 강건한 삶이 되었으면 좋겠습니다. 그러나 안타깝게도 잘못된 생활환경에 의해, 발생되는 질환은 고혈압, 고지혈증, 동맥경화, 비만, 이형당뇨병, 협심증, 심근경색, 뇌졸중, 뇌출혈, 치매, 암…들입니다. 물어봅시다.

생활습관을 과연,
약과 수술로 고칠 수 있나요?

139) 브루스 H. 립턴/이창희 [당신의 주인은 DNA가 아니다] p.61-62
140) 앞의 책, p.63-65

@생명(生命), 무엇인가?

　　북극권에 사는 '**숲개구리**(forest-frog)'는 땅 속에 동면하지 않고, 혹독한 겨울 추위를 온몸으로 받으며 그대로 견딥니다. 초겨울부터 서서히 온 몸의 세포에 천연부동액을 공급하여 얼음

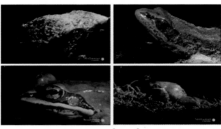

[출처] EBS1 세계의 눈

결정체가 세포를 상하지 않도록 조치하지만, 한 겨울에는 온몸이 꽁꽁 얼고, 마침내 심장까지 완전히 정지됩니다. 그렇게 겨울을 나고 다시 봄이 돌아와 적당한 온도가 되면, 생명도 다시 돌아옵니다.141)

　　그렇습니다. 생명은 반드시 기본 여건이 갖추어지면 외부에서 돌아옵니다. 누가 주는 것일까요? 만드신 분께서 주시는 것이지요. 지금도 매 순간순간 주시고 계십니다. 사람들은 너무나 가볍게 "물은 생명이다. 공기가 생명이다. 그대가 내 생명입니다."라고 말하지만, 그것은 그냥 그대로 단지 한 여건에 불과합니다. 진정한 생명은 그 누구도, 어떤 과학자도 만들 수 없습니다. 제 아무리 출중한 천재라도 살아 숨 쉬는 나뭇잎 하나도 만들지 못하지요. 살아 있는 피 한 방울도 만들 수 없습니다.

　　모든 생물은 하나님께서 만드셨습니다. 창조주께서 생명을 불어넣어 주셔야 살아납니다. 숲개구리가 무슨 재능이 있어서 천연부동액을 만들어서 각 세포에게 보냈겠습니까? 전적으로

---

141) EBS1 [세계의 눈] 동영상 사진

창조주께서 그처럼 멋진 프로그램을 만들어 두셨지요. 이를 응용하여 요즘 의학계에서 중요한 장기를 냉동보관 했다가 살려서 쓴다고 합니다. 그러나 그들이 생명을 부여하는 것이 아닙니다. 기본여건을 만들어주는 것뿐이지요. 이처럼 우리 병든 세포도, 고장 나고 망가진 유전자도 기본 여건을 갖추어 주면, 창조주께서 거기에 생명을 불어 넣으셔서, 죽은 나사로를 살리신 것처럼 다시 부활시키십니다.

자, 우리 모두 낙심치 말고,

다시 마음을 다잡고 도전하십시다.

다시 말씀드리지만,

언제 어디서나 무슨 일을 하든지 선택은 내 몫입니다.

@기본여건

동식물도 사람도 모두 기본여건이 되어야, 생명이 돌아옵니다. 그런데 식물과 동물, 그리고 사람은 그 기본여건에 조금씩 차이가 있습니다. 무엇이 되었든지 반드시 그들에게 맞는 기본여건을 갖추기 전에는 창조주께서 미리 만들어서 넣어주신 프로그램이 제대로 작동되지 않습니다. 예를 들어, '콩'을 보십시다. 콩을 그냥 아무데나 심는다고 다 싹이 나는 것이 아니지요. 반드시 온도, 물, 빛, 공기, 음식, 절제가 있어야 합니다. 이중에 하나, '**빛**'이 없으면 싹이 난 콩도, '**콩나무**'가 아니라 '**콩나물**'이 되고 맙니다. 그러니 아무 열매도 기대할 게 없지요.

식물의 기본 여건에 하나만 더하면, 동물의 기본여건이 됩니다. 무엇일까요. 그것은 [운동]입니다. 동물에게서 운동을 빼앗아 버리면, 그건 더 이상 동물이 아닙니다. 그렇게 동물 아닌 동물로 살다가 병들어 죽습니다.

사람은 어떻습니까? 동물처럼 운동할 공간만 만들어주면 됩니까? 안된다면 무엇이 더 있어야 됩니까? 그것이 무엇일까요. 그게 바로 [믿음]입니다. 그렇지요. 믿음이 없이는 아무것도 할 수 없습니다. 이웃과 함께 살 수 없습니다. 하다못해 땅에 대한 믿음이 있어야, 곡식이라도 심지요. 사람과 짐승의 가장 큰 차이는 종교입니다. 사람만 가지고 있는 것이 '믿음'입니다. 그런데 그 믿음의 대상이 누구냐가 무엇보다 중요합니다. 우리는 오직 우리를 만드신 분만 믿고 따라가십시다. 지금까지 말한 걸 정리하면 이렇습니다.

식물 : 온도, 물, 빛, 공기, 음식, 절제
동물 : 온도, 물, 빛, 공기, 음식, 절제, 운동
사람 : 온도, 물, 빛, 공기, 음식, 절제, 운동, 믿음

@메틸화, 무엇인가?

앞에서도 말했지만, 우리 몸의 세포에는 크게 두가지 유전자가 있습니다. 하나는 '건강유지유전자'이고 다른 하나는 '질병유발유전자'입니다. [건강유지유전자]는 항상 메틸기가 떨어져 있고, [질병유발유전자]에는 항상 메틸기가 붙어있어야 건강한 삶을 살 수 있습니다. 세포의 염색체는 히스톤이라는 실패에 감겨있습니다. '히스톤 변형'으로 유전자가 풀리고, 최종적으로 '메틸기'가 떨어져서, 그 기능이 발현되는 것을 '메틸화'라고 합니다. 이 메틸화에 영향을 미치는 것은 크게 두 가지 '물질'과 '정신'입니다.

①물질 : 긍정적인 것에는 햇빛, 공기, 물, 좋은 음식물, 운동, 좋은 환경…들이 있고, 부정적인 것으로는 약물, 술, 담

배, 중금속, 살균제, 세균감염, 나쁜 음식물, 오염된 환경…들이 있습니다. 이 모든 것을 아우르는 것이 '먹는 것'입니다.

②정신 : 긍정적인 것은 믿음, 소망, 사랑, 좋은 학습, 문화, 기도…들이 있고, 부정적인 것으로는 불신, 상처, 두려움, 부끄러움, 스트레스, 죄…들이 있습니다. 이 모든 것이 드러나는 입구가 바로 '말'입니다.

@먹는 게 삼대를 간다

SBS방송에서 방영한 **[당신이 먹는 게 삼대를 간다]**에 의하면, 중국 산시성 사람들은 자녀를 낳으면, 거의 각종 기형증, 특히 **'신경관 결손'**에 노출된 아기가 출산되고, 심지어 뇌가 없는 무뇌아기를 출산하기도 합니다. 그래서 그런 아기를 길가에 내다 버린다는 군요. 그나마 발견된 아이들은 고아원으로 넘겨져서, 겨우 목숨을

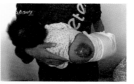
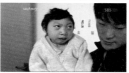

[출처] SBS [신경관 결손]

건집니다. 중국정부가 이 문제를 해결하게 위해, 역학 조사를 한 결과, 그들이 먹는 음식물이 그 원인임을 찾아내었습니다. 그 원인은 **'엽산(葉酸) 부족'**이었습니다. 그래서 중국정부는 그들이 먹는 밀가루에 아예 엽산을 넣어서 보급했습니다. 그렇게 엽산이 추가된 음식을 먹고서야 그 끔찍한 재앙을 피할 수 있었습니다. 이 엽산은 **'신선한 채소'**에 많습니다.[142]

사실 한 여인이 아기를 가지면 엄마가 1대이고 아이는 2대

---

142) 신동화, [당신이 먹는 게 삼대를 간다] p.13-17

가 되지요. 그런데 그 아이가 여아(女兒)이면, 이미 엄마뱃속에서 난자가 다 생겨서 나오니, 난자는 3대가 되지요. 이것이 과학적인 사실입니다. **"먹는 게 삼대를 간다."** 맞습니다. 부모가 먹는 것이 자식에게 그대로 갑니다. 그래서 바르게 먹는 것이 얼마나 중요한가 하는 것을 선명하게 보여줍니다.

　　우리가 믿고 생각하고 먹는 삶이 우리와 후손에게 지대한 영향을 끼칩니다. 이를 가장 잘 보여준 기념비적 연구는 미국 듀크 대학의 **'랜디 저틀'** 박사팀이 **'아구티 쥐'**로 밝힌 실험입니다. 뚱뚱하고 노란 털로 뒤덮인 어미가 먹는 음식에 따라, 마른 갈색

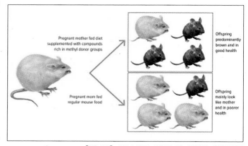

[출처] 김성동 약사의 건강 레벌업

새끼를 많이 낳기도 하고, 적게 낳기도 했습니다. 어미 쥐에게 **'엽산'**에 충분한 사료를 먹였더니, 위와 같이 갈색에 날씬한 새끼 쥐를 많이 낳았습니다. 반대로 그 어미 쥐에게 평소에 먹던 음식을 먹일 때는 아래와 같이 노란 털에 뚱뚱한 새끼를 더 많이 낳았습니다. 유전자는 완전히 동일하지만 말입니다. 먹는 게 달라지자 운명도 확 바뀌었습니다. 이 실험은 후성유전학적 변화가 생식 세포까지 침투해서 미래의 자손으로 이어진다는 이론을 뒷받침합니다. 우리는 우리가 생각하는 것보다 훨씬 더 후손의 건강과 행복에 직접적인 영향을 미치고, 책임을 지고 있습니다.143)

---

143) 신동화, 앞의 책, p.50-53

@물은 답을 알고 있다!

우리 몸속에 있는 물은 세포 속에 66%, 세포밖에 24%, 그리고 혈관 속에 10%가 있습니다. 이 물은 항상 적당한 량이 있어야 합니다. 나이가 들어가면서 점점 물이 부족해진다고 합니다. 혹시 이유 없이 짜증이 난다면, 물 부족 현상일 수 있으니, 하나님께서 허락하신 천연수를 자주 마시기 바랍니다. 단, 지나치게 짠 국물은 혈관과 세포 속에 있는 물을 혈관과 세포 밖으로 빼내어서 세포 사이사이에 물이 고이게는 '**부종현상**'을 일으킬 수 있으니, 삼가는 것이 좋습니다. 또한 물을 무턱대고 많이 마시기보다, 몸의 신호를 잘 살피는 것이 옳습니다. 그 기준은 '**오줌색깔**'입니다. 오줌색은 원래 맑은 흰색이니, 노란색을 띠면, 물이 부족하다는 신호이지요.

일본의 **에모토 마사루** 박사가 병에 물을 담고, 그 병에 [**고맙습니다!**] [**바보!**]를 쓰고 하루정도 두었다가 냉동시켜서, 그것을 특수 현미경으로 살펴보면, 그 결정이 현저히 차이를 나타낸답니다.144) 먹거리 X파일의 '**이영돈 PD**'가 이 책의 저자를 직접 찾아가서 실제 물의 결정체가 변하는

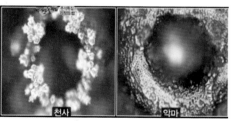

[출처] 이영돈PD [먹거리 X파일]

모습을 보고 촬영하여 공개했습니다. 이에 의하면, 사진처럼 [**천사**]란 글을 쓴 물의 결정체와 [**악마**]란 글을 쓴 물의 결정체가 크게 다릅니다. 저자는 각 나라의 좋은 물과 산골짝 계곡

---

144) 에모토 마사루/양억관, [물은 답을 알고 있다-2] p.37

물과 수돗물을 다양하게 살펴보고, 아름다운 결정체와 괴이한 결정체를 비교해 가며 잘 설명해줍니다. 특히 그는 [**사랑과 감사**]를 보여준 물은 이 세상의 것으로 보이지 않을 만큼 아름다운 결정을 보여준다고 했습니다. 그의 말을 들어봅시다.

감사와 사랑은 그 비율이 2 대 1 정도가 가장 좋지 않을까 하고 생각해봅니다. 그렇습니다. 물의 분자식 'H2O'처럼!

감사에는 조건이 없습니다. 지금 내가 살아 있다는 것, 그래도 몸을 움직일 수 있다는 데에 감사해야 합니다.

남에게 사랑을 베풀고, 남에게 사랑을 받고, 솔직한 마음으로 '고맙습니다!'하고 말합니다. 그런 사람은 어떤 경우에 처해서도 진정한 행복을 맛볼 수 있을 것입니다. 그때, 당신은 행복의 파장과 이어질 것입니다. 그러면 자연스럽게 당신의 현실생활에서도 행복한 일들이 일어날 것입니다. 그것이 바로 '지금 여기'에서 당신이 행복해질 수 있는 비결입니다.[145]

말기 신장암으로 고생하던 데라야마 신이치로는 어느 날 찬란한 아침 햇빛을 보다가 모든 생명이 그 빛으로 살아 숨 쉰다는 것을 깨닫고 저도 모르게 "고맙습니다!"는 말을 하게 되었습니다. 그 후 그는 매일 아침에 해를 바라보며 "고맙습니다! 고맙습니다! 사랑합니다!"고 마음속으로 읊조렸는데, 어느덧 암이 없어지고 말았답니다.

"감사합니다. 감사합니다. 사랑합니다."

매일 이렇게 말하면 모든 세포들이 알아듣겠지요.

---

145) 에모토 마사루/양억관, [물은 답을 알고 있다-2] p.81

세포가 거의 다 물이니까요.

그 말에 반응하는 체액을 상상해 보십시다.

수정 같은 유리바다…

강물에 비치는 저녁놀…

치유는 소리 소문도 없이…

매일 이렇게 감사, 사랑하며 살았으면 좋겠습니다.

그럼 거기가 작은 천국이지요!

물을 볼 때마다 깊이 더 깊이 생각하십시다.

①물은 낮은 곳으로 흐르는구나!

②물은 장애물을 피해가는구나!

③물은 바위도 뚫는구나!

④물은 열 받으면 폭발하기보다 자유로워지는구나!

⑤물만 보면 물을 만드신 분을 생각하십시다.

⑥물처럼 살기로 다짐하는 너와 나입시다.

@운동과 치유

운동을 하면 각종 행복 호르몬이 촉진되어 질병치유에 큰 도움이 됩니다. 식단을 현미 생채식으로 바꾸고, 하루에 30분씩 주 5회 정도 운동(Exercise)을 하십시다. 운동에는 유연성 운동과 근력운동, 그리고 유산소운동이 있습니다.

①유연성을 키우는 '스트레칭(Stretching)'을 꾸준히 하십시다.

②팔 다리에 힘을 키우는 '근력운동'도 빼놓으면 안 됩니다.

③걷기, 뛰기, 등산과 같은 '유산소운동'을 반드시 하여

야 합니다.

이 모든 것을 하나로 묶어서 할 수 있는 것이 있습니다. 무엇일까요. 그것은 적당한 크기의 '**텃밭**'을 확보하여, 매일 온 식구가 즐겨 먹을 유기농 채소를 직접 가꾸는 겁니다. 그것은 고혈압뿐 아니라 각종 질병 특히, 정신 건강에도 매우 유익한 운동 중에 운동입니다. 그러나 운동이 아무리 좋다고 해도 과잉해서도 과격하게 해서도 안 됩니다. 항상 자기 몸에 알맞게 해야 합니다. 이상구 박사가 말하는 [**운동의 효과**]를 함께 보십시다.146)

운동의 효과

1. 면역 기능이 좋아진다.
2. 심혈관질환의 위험이 줄어든다.
3. 체내 에너지 활용이 높아진다.
4. 산소 섭취량이 증가한다.
5. 근력이 증강된다.
6. 혈압을 정상적으로 유지시킨다.
7. 인대와 힘줄과 관절이 강하게 된다.
8. 시력이 향상된다.
9. 당뇨 발생이 줄어든다.
10. 각종 암의 발생 위험이 감소한다.
11. 뇌졸중의 발생 위험이 감소한다.
12. 배변에 도움이 되고, 비만이 개선된다.
13. 각 장기의 혈액순환이 좋아진다.
14. 골다공증이 예방된다.

---

146) 이상구, [질병을 다스리는 DNA] p.337-340

15. 균형 감각이 향상되고, 자신감이 생긴다.
16. 수면의 질이 좋아진다.
17. 스트레스 해소에 도움이 된다.
18. 우울증, 불안감이 줄어들고, 무기력해지지 않는다.
19. 만성두통이 사라지고, 감기에 잘 걸리지 않는다.
20. 기억력과 삶의 질이 향상된다.

@산화질소, 무엇인가?

이렇게 거의 매일 한 시간 정도 텃밭을 가꾸는 운동을 하면, 창조주께서 혈관 속에 미리 만들어 놓으신 '**천연혈압약, 산화질소**(Nitric Oxide;나이트릭 옥사이드)'가 서서히 깨어나고 서서

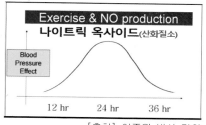

[출처] 이준원 박사 강의

히 방출되어 24시간 경에 절정에 도달합니다. 그러니 그 다음 날, 같은 시간에 또 다시 한 시간 정도 운동하면, 산화질소가 매일 충분히 방출되어 혈압을 안정시킵니다.

건강한 혈관내피는 '**산화질소**'를 만들어냅니다. 이 산화질소는 혈관을 확장시켜서 탄력 있는 혈관을 유지시키는 역할이 주된 임무입니다. 혈관 내부에 남겨진 산화질소는 프라이팬의 테플론 성분이 음식을 달라붙지 않게 하는 것처럼, 혈관의 내부에 코팅을 만들어 피의 흐름을 매끈하게 합니다. 또한 혈압이 높아질 때 생기는 혈구와 잔여물인 플라크를 근본적으로 제거하는 역할까지 합니다.[147] 1998년에 노벨의학상을 받은 미국의 과

147) 에셀스틴, [지방의 진실] p.74,

학자 3명이 산화질소에 대해서 밝혀낸 사실을 봅시다.

①산화질소는 신체 모든 부분의 혈액 흐름을 촉진시킨 다.
②백혈구와 혈소판이 끈적이는 것을 방지하며 혈관 내 플라크가 생성되는 것을 예방한다.
③혈관 관상동맥의 흐름을 부드럽게 한다.
④이미 생성된 혈관 내 플라크를 제거하는 역할을 한다.

이런 놀라운 역할을 하는 산화질소는 앞에서 말한 운동과 함께 채식 중심의 식사로 얻을 수 있습니다. 산화질소를 생산하기 위해서는 'L아르기닌'이라 불리는 아미노산이 반드시 필요한데, 이 아미노산은 거의 모두 식물성 음식에서 광범위하게 발견됩니다. 특별히 뿌리채소, 콩류, 호두…들에 많습니다.148)

게으른 자는 마음으로 원하여도 얻지 못하나 부지런한 자의 마음은 풍족함을 얻느니라(잠 13:4)

게으른 자는 가을에 밭 갈지 아니하나니 그러므로 거둘 때에는 구걸할지라도 얻지 못하리라(잠 20:4)

게으른 자의 욕망이 자기를 죽이나니 이는 자기의 손으로 일하기를 싫어함이니라(잠 21:25)

문짝이 돌쩌귀를 따라서 도는 것 같이 게으른 자는 침상에서 도느니라(잠 26:14)

---

148) 앞의 책, p.78

그 주인이 대답하여 이르되 악하고 게으른 종아 나는 심지 않은 데서 거두고 헤치지 않은 데서 모으는 줄로 네가 알았느냐(마 25:26)

또 형제들아 너희를 권면하노니 게으른 자들을 권계하며 마음이 약한 자들을 격려하고 힘이 없는 자들을 붙들어 주며 모든 사람에게 오래 참으라(살전 5:14)

@말의 힘

밥을 병에 담고, 그 병에 [사랑해], [미워]라는 스티커를 붙이고, 한 달 정도 그런 말을 반복하면, 밥의 변질 정도가 확연히 차이가 납니다. 그것이 사람의 몸이라면 어떻게 될까요? 그래서 창조주께서는 바른 말 고운 말을 쓰도록 끊임없이 권면하셨지요.

죽고 사는 것이 혀의 힘에 달렸나니 혀를 쓰기 좋아하는 자는 혀의 열매를 먹으리라(잠 18:21)

혀는 곧 불(a fire)이요 불의의 세계(a world of iniquity.)라 혀는 우리 지체 중에서 온 몸을 더럽히고(it defiles the whole body) 삶의 수레바퀴를 불사르나니 그 사르는 것이 지옥 불에서 나느니라(it is set on fire by hell.)(약 3:6)

[현대어] 혀는 불꽃입니다. 혀에는 악이 가득 차 있어 몸 전체에 해독을 끼칩니다. 또 지옥의 불이 타오르고 있어 우리 인생의 행로를 멸망과 재앙의 화염 속으로 끌고 들어갑니다.

@울음과 치유

이 땅에 태어난 모든 사람의 출발은 '울음'입니다. 우렁찬 울음이 허파를 자극하여 제대로 숨을 쉬게 합니다. 이 땅의 모든 아기들과 엄마들은 바로 이 울음으로 엄마와 대화합니다. 그런데 언젠가부터 울음을 창피스럽게 여기며, 나오는 눈물을 꾹꾹 참기 시작합니다. 그렇게 차곡차곡 쌓이고 쌓여서 생기는 것이 각종 질병 특히, 암병입니다. 몸보다 먼저 병든 마음을 치유하는 최고의 명약이 '눈물'입니다. 이 눈물은 마음의 상한 감정이 몸에 쌓아 놓은 독소를 '해독'합니다. 사람을 만드신 분께서 허락하신 '치유의 묘약'은 눈물입니다.

그러므로 전인치유의 시작을 알리는 신호는 '눈물'입니다. 크게, 강하게, 길게 울어야 치유가 빨리 됩니다. [울어야 삽니다]의 저자 '이병욱' 박사는 그의 책에서 [울음법칙 7무]를 말합니다.149)

①무조건 우십시오.
②무차별적으로 우십시오.
③무시로 우십시오.
④무수히 우십시오.
⑤무릎을 꿇고 우십시오.
⑥무안을 당하더라도 우십시오.
⑦무엇보다 먼저 우십시오.

눈물을 흘리며 씨를 뿌리는 자는 기쁨으로 거두리로다

---

149) 이병욱, [울어야 삽니다] p.151

(시 126:5)

기가 막혀 죽을 정도로 당한,
억울하고 분한 가슴을 다 토하여 울부짖으십시오.
사람에게 토하면 모래가 바위가 되고,
하나님께 토하면 바위도 모래가 됩니다.
그러니 하나님께 나아와 모든 죄를 회개하고,
사무엘의 어머니 한나처럼 다리를 쭉 뻗고,
주저앉아서 목 놓아 울고 또 우십시다.
만드신 분께서 웃음을 주실 때까지 그리하십시다.

[개정] 너희는 옷을 찢지 말고 마음을 찢고 너희 하나님 여호와께로 돌아올지어다(요엘 2:13)

[현대어] 너희는 옷을 찢지 말고 너희의 심장을 찢으며 회개하여라.

울며 씨를 뿌리러 나가는 자는 반드시 기쁨으로 그 곡식단을 가지고 돌아오리로다(시 126:6)

그가 찔림은 우리의 허물 때문이요 그가 상함은 우리의 죄악 때문이라 그가 징계를 받으므로 우리는 평화를 누리고 그가 채찍에 맞으므로 우리는 나음을 받았도다(사 53:5)

@웃음과 치유

옛날부터 "웃으면 복이 온다."고 했지요. 그렇습니다. 복이 오고 난 다음에 웃지 말고, 먼저 웃으면 복도, 건강도 다 옵니다. 그래서 서울대학병원을 비롯한 곳곳에서 웃음치유가 활발하게 보급되고 있어서 다행입니다. 우리를 만드신 분께서도 "항상 기뻐하라"고 하시고, 기쁘게 웃으며 살기를 원하십니다. 사실 그리스도인들은 이미 '복의 근원'이 강림하여 계시니, 웃으면 이미 와 있는 복을 누리도 또 누릴 수 있습니다.

주께서 내 마음에 두신 기쁨은 그들의 곡식과 새 포도주가 풍성할 때보다 더하니이다(시 4:7)

내가 이것을 너희에게 이름은 내 기쁨이 너희 안에 있어 너희 기쁨을 충만하게 하려 함이니라(요 15:11)

주께서 생명의 길을 내게 보이시리니 주의 앞에는 충만한 기쁨이 있고 주의 오른쪽에는 영원한 즐거움이 있나이다(시 16:11)

그의 노염은 잠깐이요 그의 은총은 평생이로다 저녁에는 울음이 깃들일지라도 아침에는 기쁨이 오리로다(시 30:5)

주께서 나의 슬픔이 변하여 내게 춤이 되게 하시며 나의 베옷을 벗기고 기쁨으로 띠 띠우셨나이다(시 30:11)

[걱정을 모두 벗어]

걱정을 모두 벗어 버리고서 스마일 스마일 스마일
장미꽃처럼 활짝 웃어요 세상 즐겁다
걱정하면 무엇해 즐겁게 웃어 보자 으 하 하 하

걱정을 모두 벗어 버리고서 스마일 스마일 스마일

자, 한번 다같이 크게 웃으십시다.

으 하하하, 우와…!

항상 기뻐하라 쉬지 말고 기도하라 범사에 감사하라 이
것이 그리스도 예수님 안에서 너희를 향하신 하나님의
뜻이니라(살전 5:16-18)

기뻐하라 [R] Rejoice,
기도하라 [P] pray,
감사하라 [T] Thanks

제 10 장
성경생활의학 밥상

길 가운데로 흐르더라 강 좌우에 생명나무가 있어 열두
가지 열매를 맺되 달마다 그 열매를 맺고 그 나무 잎사
귀들은 만국을 치료하기 위하여 있더라(계 22:2)

제 10 장 : 성경생활의학 밥상

사모 조순이(진실교회)

또 그가 수정 같이 맑은 생명수의 강을 내게 보이니 하
나님과 및 어린 양의 보좌로부터 나와서 길 가운데로 흐
르더라 강 좌우에 생명나무가 있어 열두 가지 열매를 맺
되 달마다 그 열매를 맺고 그 나무 잎사귀들은 만국을
치료하기 위하여 있더라(계 22:1-2)

동생이 일찍부터 현미식을 하라고 권했지만, 차일피일 미루
다가 잘 아는 사람들이 백혈병과 유방암, 간암으로 소천 하는
것을 보고 충격을 받고 있던 중에, 남편이 교단총회에서 현미에
관한 교육을 받고 와서 현미식을 하자고 제안해서, 그 때부터
현미식을 시작했습니다. 벌써 30년 전이군요. 모두 다 건강한
하나님의 사람이 되었으면 하는 마음에서 그 때부터 쭉 해 오
면서 제 삶으로 익힌 것을 함께 나눕니다.

@왜 현미여야 할까요?

현미에는 하나님께서 허락하신 5대 영양소, **탄수화물, 단백
질, 지방, 미네랄, 비타민**이 골고루 들어있는 완전식품입니다. 3
대 영양소, 탄수화물과 단백질과 지방이 생체에너지와 세포재생
재료를 위한 것이라면, 미네랄과 비타민은 모든 기관이 잘 움직
이게 하는 윤활유 역할을 합니다. 백미는 이런 꼭 필요한 윤활
유인 미네랄과 비타민을 거의 다 제거해 버린 쌀입니다. 자동차
에 반드시 휘발유나 경유와 엔진오일, 브레이크오일이 필요하지

요. 이 윤활유가 부족하면 차가 고장 나듯이, 미네랄과 비타민이 부족하면 우리 몸은 망가져 병들 수밖에 없습니다. 그러니 우리는 건강을 위하여 반드시 완전식품인 현미식으로 돌아가야 합니다.

@현미밥 맛있게 짓는 법

*현미밥을 부드럽게 하기 위해서 유기농으로 생산하여 갓찧은 맵쌀현미(겉껍질만 벗긴 쌀)와 찰현미를 구입합니다.
*맵쌀현미와 찰현미를 각각 8:2 비율로 깨끗이 씻은 후 100분 이상 물에 불립니다.
*흑미, 수수, 기장, 보리, 통밀쌀, 율무, 콩을 넣으면 더 맛있어요.
*전기압력밥솥에 넣고 물은 백미밥을 지을 때보다 좀 더(약 120%) 붓습니다.
*천일염을 4인분의 경우 1/2티스푼 정도 넣고 밥을 짓습니다.
*일반 압력밥솥으로 할 때에는 좀 길게 약한 불에 10분정도 뜸을 드리면 됩니다.
*밥 짓기가 끝나면 5분 후에 잘 저어 줍니다.
*현미밥은 죽이 되도록 씹어서 먹어야 하는데, 영양을 충분히 섭취하는 시간이라 여기고, 기뻐하고 감사하는 마음으로 씹으면 치아건강과 두뇌건강에도 좋습니다.

@생현미 먹기

*맵쌀현미와 찰현미를 8:2 비율로 하고, 먹고 싶은 잡곡을 넣어서 깨끗이 씻은 후 현미가 잠기도록 물을 붓고, 24시간 이

상 냉장으로 불립니다.

*먹을 때는 2-3큰스푼 정도를 그릇에 담고 땅콩 5-6개 정도, 들깨 1큰스푼을 넣어서, 아래에서 말하는 채소, 과일과 함께 먹으면 좋습니다.

*다른 식사도 마찬가지이지만 생현미, 생채식은 충분히 씹어서 먹어야 합니다. 입 속에서 죽이 될 정도로 적어도 100번 이상은 반드시 씹어서 먹어야 합니다. 그러니 이빨이 튼튼해야 되겠지요. 충치를 예방하고 잇몸을 건강하게 유지하는 비결은 옛날 조상들이 하던 방법대로 진한 소금물에 이빨을 닦고, 소금물로 입안을 행구고, 반드시 칫솔은 진한 소금물에 담가 두는 것이 좋습니다.

@채소와 쌈장

*자기 텃밭에서 직접 키우는 것이 좋지만, 그럴 사정이 안 되면 믿을 만한 유기농매장을 선택하여 꼭 신선한 채소를 사는 것이 좋습니다.

*잘 씻어서 가급적 채소 전체를 쌈장과 함께 먹는 것이 좋아요. 요즘은 오이, 가지, 감사, 고추, 상추, 배추, 양배추, 호박, 피망, 비트, 브로콜리가 있지요.

*채소의 농약성분은 15분정도 물에 담가 놓거나 베이킹 소다로 씻으면 제거됩니다.

*쌈장은 된장에 꿀이나 조청을 넣고, 매실효소, 견과류를 잘게 부셔서 넣습니다.

*특히 생콩을 불려서 가루 내어서 쌈장에 섞어 먹으면, 폐경기 여성에게 참 좋습니다.

@과일과 해조류

*사과, 배, 귤…은 반드시 껍질과 씨앗까지 먹어야 합니다. 미국 하버드대 연구에 의하면, 같은 양의 경우, 항산화효과가 사과 속살만 먹으면 9.7, 겉껍질만 먹으면 97.5, 껍질과 속살을 같이 먹으면 45.7입니다. 혹 겉껍질에 있는 농약은 흐르는 물에 충분히 씻거나 베이킹 소다로 씻으면 거의 제거되니, 안심해도 됩니다.

*해조류(미역, 다시마, 김…)도 생(生)걸로 먹으면 더욱 좋습니다. 할렐루야!!

맺는 말

내가 오늘날 천지를 불러서 너희에게 증거를 삼노라 내가
생명과 사망과 복과 저주를 네 앞에 두었은즉 너와 네 자
손이 살기 위하여 생명을 택하고(신명기 30:19)

맺는 말

미국에서 미국의사들의 처방약 부작용으로 매년 300,000명이 사망합니다. 이는 하루에 821명이 약화를 입어서 죽는다는 말입니다. 821명을 태운 점보여객기가 매일 정비 불량으로 추락한다면 세계 언론은 어떤 반응을 보일까요? 그런데 이 끔찍한 사건은 어떤 언론의 주목도 받지 않고, 책임을 따지는 사람도 책임을 지는 사람도 없이, 어제도 오늘도 이런 일은 반복되고 있습니다.

<u>의사들은 거대한 의약산업의 부품에 불과합니다.</u> 의대를 졸업하고 나서도 의사들은 제약회사 심부름꾼들로부터 이들 업체의 제품에 대해 지속적으로 교육을 받습니다. 그들의 일차적인 목표는 자사 제품을 파는 겁니다. 그래서 제약회사는 의사들에게 새로운 약의 효능에 대한 정보를 '**무료**'로 제공하여, 그들로 하여금 자사 제품을 환자들에게 "**권유**"하도록 설득합니다.

이렇게 대량으로 처방되는 약은 모든 의사가 하는 히포크라테스 선서에 나오는 "첫째로 환자에게 어떤 해도 끼치지 않을 것"이라는 조항에 대한 명백한 위반입니다. 제약회사들은 의사가 처방한 약이라면 아무거나 삼키는 사람들로 세뇌시켜왔고, 그 결과는 비극적입니다.[150]

건강하려면
병원과 약을 버려라!
의사 신우섭[의사의 반란]

---

150) 브루스 H. 립턴/이창희, [당신의 주인은 DNA가 아니다] p.140

다시 물어봅니다. 그리스도인은 왜 병듭니까? 그것은 만드신 분의 말씀을 거역하였기 때문이지요. 그러니 말씀대로 올바르게 믿고, 올바르게 생각하고, 올바르게 먹는 삶만이 모든 질병을 극복하는 유일한 길입니다.

내가 오늘날 천지를 불러서 너희에게 증거를 삼노라 내가 생명과 사망과 복과 저주를 네 앞에 두었은즉 너와 네 자손이 살기 위하여 생명을 택하고(신명기 30:19)

저는 이를 아래와 같이 바꾸어 보았습니다.

내가 오늘날 천지를 불러서 너희에게 증거를 삼노라 내가 생식과 화식과 채식과 육식을 네 앞에 두었은즉 너와 네 자손이 살기 위하여 생식과 채식을 택하라.

육식 = 저주, 화식 = 사망에서,

생식 = 생명, 채식 = 행복으로!

진실로 진실로 당신에게 이르노니, 모든 자연식품을 날로 먹어야 생명체가 온전함과 같이 당신도 온전하리라. 그런즉 당신은 먼저 자연 생명에너지와 비타민, 미네랄, 효소, 섬유질을 구하라. 그러하면 이 모든 것이 당신의 육신과 영혼을 건강하고 아름답게 하리라.(이태근 복음 1장 1절)[151]

저는 거의 아침은 먹지 않고, 점심과 저녁으로 생현미에 생들깨, 땅콩을 넣고, 각종 채소와 과일 한 두 개를 된장과 고추

---

151) 이태근, [밥상 혁명을 일으켜라] p.215

장 그리고 생콩가루를
섞은 쌈장과 함께 감사
와 기쁨으로 먹습니다.
  아, 맛이 있어라 이
쁜 수니 솜씨
어쩌면 나 어쩌면
요로코롬 맛있을까
고맙습니다.

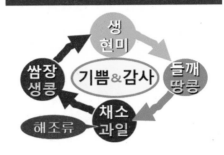

  이 음식 잘먹고 성령님으로
범사에 감사하며 알콩달콩 살고지고
고맙습니다.

행복 호르몬?

  사람에게는 각종 호르몬이 있는데, 그 중에서 '**도파민**(Dopa
mine)', '**엔돌핀**(Endorphin)', '**옥시토신**(OXytocin)'을 '**3대 행복 호
르몬**'이라고 합니다. 우리가 무엇을 배우거나 선물을 받아서 기
쁠 때 많이 나오는 호르몬이 '**도파민**'이고요. 이웃과 물건을 나
누거나 이웃을 섬길 때는 주로 '**엔돌핀**'이 많이 나옵니다. 그리
고 사랑하는 사람과 함께 하면서 서로 일체감을 느끼고 신뢰할
때, 많이 방출되는 호르몬은 '**옥시토신**'입니다. 그러니 우리는
하나의 '**행운**(네 잎 크로버)'을 찾기 위해 수천 개의 '**행복**(세 잎 크
로버)'을 짓밟는 어리석은 사람이 되지 마십시다.
  행복은 그냥 주어지는 것이 아닙니다.
  행복은 둘만 있다고 되는 것도 아닙니다.
  행복은 반드시 셋이 함께 있어야 합니다.

아내와 남편, 신랑과 신부, 또 누가 있어야 하나요?

하나님. 그렇습니다.

하나님께서 함께 계셔야 진정한 천국을 누릴 수 있습니다.

가자, 하나님께로!
Let's Go, Let's God!

하나님께 나아가십시다.

그리하면 행복호르몬인 **도파민, 엔돌핀, 옥시토신**이 온 몸에 가득한 평강을 지금 여기서 누리게 됩니다.

그러나 하나님께 돌아가지 않으면 반대로 '**아드레날린**(Adrenaline)', '**코티솔**(Cortisol)'과 같은 스트레스 호르몬이 방출되어 우울증을 비롯한 각종 질병 유발 유전자가 켜져서 온몸이 병들 수밖에 없게 됩니다.

이제 돌아가십시다.

내 몸을 성전삼고 와 계신 성령 하나님과 눈 맞추십시다.

거룩한 숨님을 깊이 더 깊이 숨 쉬십시다.

세포마다 계신 주인님을 대접하는 마음으로

주인님이 원하시고 기뻐하시는 대로,

올바로 먹고, 생각하고, 믿는 삶을,

지금 여기 각자 삶의 자리에서 누리고,

땅 끝까지 나누는 너와 나, 우리입시다. 샬롬!!

참고 서적

@도서자료

곤도 마코토/김윤경, [약에게 살해당하지 않는 47가지 방법](서울: 더난출판, 2015)

곤도 마코트/이근아, [의사에게 살해당하지 않는 47가지 방법](서울: 더난출판, 2012)

김석진, [내 몸의 유익균](서울: 하서출판사, 2011)

데이비드 B. 아구스/김영설, [질병의 종말](서울: 청림life, 2012)

로버트 S. 멘델존/남점순, [나는 현대의학을 믿지 않는다](서울: 문예출판사, 2000)

린 맥타가트/진선미, [의사들이 해주지 않는 이야기](서울, 허원미디어, 2011)

미국상원영양문제특별위원회/원태진, [잘못된 식생활이 성인병을 만든다](서울: 형성사, 1995)

박명희, [의사가 환자를 만들고 약이 병을 키운다](서울: 원앤원스타일, 2015)

브렌트 키드만/임종삼, [암 영양요법](서울: 건강다이제스트사, 2001)

브루스 H. 립턴/이창희, [당신의 주인은 DNA가 아니다](서울: 도서출판 두레, 2014)

시라사와 다쿠지/이송희, [아디포넥틴으로 건강장수 하는 법](서울: 북플러스, 2015)

신동화, [당신이 먹는 게 삼대를 간다](서울: 민음인, 2011)

신우섭, [의사의 반란](서울: 에디터, 2016)

신재광, [나는 혈압약을 믿지 않는다](서울: 전나무숲, 2011)

아베 쓰카스/안병수, [위대한 속임수, 식품첨가물](파주: 국일출판사, 2008)

아보 도오루/조영렬, [약을 끊어야 병이 낫는다](서울: 부광, 2004)

안드레아스 모리츠/정진근, [암은 병이 아니다](서울: 에디터, 2015)

안병수, [과자, 달콤한 유혹](파주: 국일출판사, 2005)

안병수, [과자, 달콤한 유혹 2](파주: 국일출판사, 2009)

야마시마 데쓰모리/김정환, [식용유가 뇌를 죽인다](고양: 북퀘스트, 2014)

에드워드 그린핀/석혜미, [암세포 저격수 비타민 B17](서울: for book, 2018)

에모토 마사루/양억관, [물은 답을 알고 있다-2](파주: 나무심는사람, 2003)

윤태호, [암, 산소에 답이 있다](용인: 도서출판 행복나무, 2012)

윤태호, [당뇨병, 약 없이 완치할 수 있다](용인: 도서출판 행복나무, 2015)

이광조, [채식치유학](서울: 서리태, 2017)

이문현, [난치병혁명, 생즙](부산: 청림뜰, 2014)

이병용, [아쉬운 회개](서울: 복 있는 사람, 2005)

이상구, [질병을 다스리는 DNA 스위치를 켜라](파주: 에버라스팅가스펠, 2015)

이상구, [질병을 다스리는 DNA 자연치유 본능](파주: 에버라스팅가스펠, 2012)

이태근, [밥상 혁명을 일으켜라](전주: 산아출판사, 2015)

이창우, [바디 바이블(Body Bible)](서울: 서우, 2018)

이희대, [희대의 소망](서울: 두란노, 2007)

전홍준, [비우고 낮추면 반드시 낫는다](서울:, 에디터, 2014)

정사영, [기적을 낳는 현미](서울: 시조사, 2002)

정사영, [네가 낫고자 하느냐](서울: 시조사, 1996)

존 로빈스/이무열, [육식-1](서울: 아름드리미디어, 2000)

존 로빈스/손혜숙, [육식-2](서울: 아름드리미디어, 2000)

찰스 M. 셸돈/김창대, [예수님이라면 어떻게 하셨을까](서울: 브니엘출판사, 2006)

콜드웰 에셀스틴, [당신이 몰랐던 지방의 진실](서울: 사이몬북스, 2016)

콜린 캠벨·토마스 캠벨/유자화, [무엇을 먹을 것인가](서울: 열린과학, 2012)

한수환, [영적 존재로의 인간학](서울: 도서출판 이레서원, 2004),

한형선, [푸드+ 닥터](서울: 헬스레터, 2017)

황성수, [고혈압, 약을 버리고 밥을 바꿔라](서울: 페가수스, 2017)

황성수, [당뇨병이 낫는다](서울: 페가수스, 2018)

황성주, [암은 없다](파주: 청림출판, 2012)

황성주·박미현, [생식과 건강](서울: 도서출판 호도애, 2000)

@기타 자료

EBS1 [세계의 눈]

KBS [생로병사의 비밀]

MBC방송 [육식의 반란]
SBS 스페셜 자료
대구MBC 우리 몸을 살리는 편식, 이덕희 교수
이상구 박사, 뉴스타트 강좌
이영돈 PD, 먹거리 X파일
이준원 박사, 건강 강좌
인터넷 그림 자료(귀한 자료를 감사합니다. 일일이 허락
받지 않고 사용해서 죄송합니다.)
전주MBC [검은 삼겹살]
채널A 방송 : 나는 몸신이다.

성경생활의학

지은이 / 박화준 · 조순이

발행인 / 김진형

발행일 / 2018. 9. 10

등 록 / ISBN 979-11-89514-00-6

발행처 / 치유와 영성

등록된 곳 / 충남 논산시 양촌면 매죽헌로 1311-6

연락처 / 010-6350-3114, 박화준

기획·인쇄 : 샬롬기획인쇄

값 : 15,000원